シリーズ

本の味と世界の味

武夫

《上》

埼玉福祉会

日本の味と世界の味

上

装幀　巖谷純介

はじめに

日本は四方を海にかこまれた島国であって、そこには狂うことなく、規則正しく春夏秋冬がくりかえされるから、自然には年間をとおして美しい変化があり、食べ物にはそれぞれの季節に旬《しゅん》がある。そのような恵まれた気候風土のなかで育ってきた日本人は、この国に独自の文化を数多くつくってきた。なかでも日本料理は日本文化の傑作のひとつで、素朴なものから野趣に富んだもの、美しい飾りを持つもの、そして料理そのものやその雰囲気に侘《わ》びや寂《さ》びの情緒さえ感じさせる哲学的なものなどあって、実に多彩である。

「一国の食べ物やその料理法はそこの民族の歴史や文化の程度を知る物差しである」とたとえられるように、飲食物やその調理法はその国の顔でもある。人間の顔が一人一人異なるのと同じように、世界中の多くの民族の持つ食の文化もまたさまざまに違うのは当然なのである。たとえ日本の食の文化が、その創世記には中国から大きな影響を受けたものであっても、日本人はこれをそのままの形では吸収せず、さらに日本的なものにつくりかえて同化し、わが国独自の食文化をつくりあげてきたのである。

ところで、世界から孤立して発展してきた日本料理には、しばしば海外の食べ物や料理法と驚くほどよく似ているものに出くわすことがある。なますとマリネ、寒天とゼラチン、干し柿と干しぶどう、卵豆腐とプリン、つみれとフィッシュボール、うどんとスパゲッティなどはその一例である。

本書では、日本に古くからある食べ物や飲み物、そして料理法をいくつか取り上げ、それに似たり相当する海外の事例を登場させて、さまざまな角度からたがいを見比べてみることにした。和洋飲食物についての知識や話題、そして相互接点などを理解するために本書がその役割を果たしてくれれば幸いである。

小泉武夫

目次

加工品

素材

田螺―エスカルゴ

田螺

わが日本の水田の泥のなかにいる田螺《たにし》と、フランス料理の話題のひとつであるエスカルゴを同一視するつもりはない。だが日本では、不幸なことにカタツムリを食べない。そこでカタツムリに似たものをと思案したところ、陸生で巻き貝の形を持ち、そして何よりも食べることのできる田螺がエスカルゴに最も近いものだと判断し、ここに登場させることにした。

田螺は腹足（巻き貝）類タニシ科の淡水食用貝で、マルタニシ、オオタニシ、ヒメタニシ、ナガタニシの四種が日本産である。ツブ、タズヒ、タツブ、タツボなどとも呼ばれ、水田や湖沼、池に生息していて、春、田に水を引くころ冬眠からさめて活動するが、夏によく死殻を多く目にするのは交尾を終えた雄のもので、雌はさらに生きのびて子貝を産む。卵は雌の体内でかえってから産みだされるので、胎生の巻き貝として有名である。雌の寿命は三年という。

昔からわが国では、田螺は農村の重要な蛋白質源で、主に薬食《くすりぐ》いとして重宝されてきた。江戸時代の『和漢三才図絵《わかんさんさいずえ》』に「田螺を煮て食すれば大小便を通じ、浮腫《ふしょう》を治し、搗爛《とうらん》せしものは臍《ほぞ》に貼《ちょう》じてまた佳《よ》し、汁を取りて痔瘡脇臭《じそうきょうしゅう》に塗り、焼研《やげん》して瘰瀝癬瘡《るいれきせんそう》を治する」とあり、また天明七（一七八七）年の『食品国歌《しょくひんこつか》』には「田螺よく小腹気通熱《しょうふくきつうねつ》を解し、脚気衝逆浮腫《しょうぎゃくふしょう》を通ずる」ともある。シジミとともに肝臓病に卓効ありとの書も多い。昔、田螺の肉を干してこれを粉にし、旅するときに持参し、風土の異なる土地に行って少量服用すると決して水あたりしない、とも信じられていた。

太っている大粒のものを、水に浸して充分に泥抜きをしたのち、肉と内臓をとりだし、肉のみを木灰でよく洗ってからみそで煮ると、たいそううまく食べられる。信州や東北地方では、「ツブ汁」と称して殻つきのまままみそ汁の具にするが、そこには野趣に富んだ奥深い味が濃く煮出されていて、素朴な珍味汁となる。山形地方では、皆、見合いのときに「吸いツブ」というのを出したという。これは殻ごとみそ煮した田螺を、箸代りに長ようじを一本つけて見合いの席に出す。すると見合いの当人はたがいにこのツブを手に持って、ようじで肉身を掘り出してから貝のなかの汁を吸うから、どんな恥ずかしがりやの女性でも顔を上げぬわけにはいかないからだという。なんと日本的で素朴な話であろうか。この場では「吸う」という語も縁起がよいのであろう。また埼玉県の農村には「源兵衛揚げ」といって、小麦粉に黒ごまを混ぜたものをころもにして田螺を揚げ、これをドジョウの丸揚げとともに盛り合わせた野趣のある料理もある。

ここしばらくのあいだ、農薬の影響もあってわれわれの食卓からその姿を消した田螺は、最近再び田や沼にもどってきた。ビタミンDやB_2の含有量が高く、コレステロール以外の体によいステロールが多いとして、最近は栄養学的にも見直され、わずかではあるが店でも売られるようになってきた。急速に洋風化しつつある日本の食生活のなかにあって、うれしい復活である。将来、品種の改良によってはエスカルゴに劣らぬ美味な田螺も期待できてよいのだが、そういう話もあまり聞かない。

エスカルゴ

カタツムリ類はすべて食べられるが、今の日本では食べることはほとんどない。わが国ではカタツムリのほかにカタツブリ、マイマイ、マイマイツブリ、デンデンムシ、デデムシなど多くの呼び名があって、子供たちの遊び相手として人気動物のひとつである。日本人はカタツムリをこれまでまったく食べなかったかというと、そうでもない。古代日本人の糞の化石のなかにカタツムリの小さな殻が入っていた記録もあるし、有史となってからも貴重な動物性蛋白質として、見つけられては食べられてきた。特に薬食いとしてしばしばとりあげられ、その食をすすめるものも多く、『食品国歌』には「ででむしは驚癇《きょうかん》および瘡《そう》を治す。また喎斜《かしゃ》と拘攣《こうれん》、脱肛《だっこう》によき」とある。食べ方としては、殻をとってから肉身を串に刺し、塩やしょうゆを付焼きにしたもので、貝の味に似ていたことから、「陸貝」または「岡貝」として賞味されていた。

そのカタツムリ食が西欧、特にフランスで盛んであり、日本に消えたのは、フランスではこれを野山からとってきては飼育して増産する（養殖）という積極的行為（古代ローマ帝国ではエスカルゴは美食のひとつとして珍重され、このころから養殖が開始された）があったからで、わが国のように、野山にいたものを偶然発見したときだけ捕らえて食べてみたというのとは大分わけが違う。すなわち、フランス人と日本人のカタツムリに対する食への意欲の相違といってよいだろう。西欧ではフランスをはじめイギリス、イタリア、スイス、オーストリアなどで養殖が盛んであり、えさはレタス、キャベツ、ニンジンの葉、ブドウの葉が主である。フランスでは特にブルゴーニュやシャンパーニュ地方のものが著名で、この地方産のエスカルゴは、フランス料理を一段と個性的なものにしてくれる。

エスカルゴ（escargot）の最もうまい時期は、冬眠に入る前の脂ののったもので、フランス料理には二五種前後のエスカルゴ料理がある。

その代表的なものが「エスカルゴ・ブルゴーニュ風」で、パセリ、ニンニク、エシャロットをみじん切りして、これに軽く塩、こしょうをし、充分なバターとよく混ぜ合わせてクリーム状にする。これをエスカルゴの殻に詰めたのち、入り口近くでエスカルゴの肉身を入れ、さらにバターでおおってからオーブンで二三〇〜二五〇度Cで焼き上げ、この上にブランデーを振りかけ、火をつけてアルコール分を飛ばし、専用の細い金具で中身を取り出して食べる。

とにかく西欧のカタツムリ食には歴史と実績がある。ギリシャの哲学者アリストテレスはエスカルゴの詳しい記述を山のように残し、ローマの自然学者プリニウスはローマ人のカタツムリ食の旺盛さを称《たた》え、食通アピシウスは塩を加えた牛乳でカタツムリを飼い、その最もうまい食べ方は充分に肥えたところをただ油で揚げたものに限る、と書いている。

パリでは現在、一年間に八億匹ものカタツムリが食用とされ、これは重量にして一万トンという。その最盛期はクリスマスから新年にかけての年末で、この間一億匹も消費される。カタツムリにとってフランス人はまさに天敵である。

鼈—海亀

鼈

鼈《すっぽん》は学名を *Amida japonica* というほど日本的な動物で、爬虫類《はちゅう》カメ目スッポン科に属する甲羅のやわらかい淡水性の亀である。たいへんに貪欲《どんよく》で、魚、カエル、昆虫《こんちゅう》などの獲物《えもの》が近づくと長い首をすばやく伸ばして鋭い歯で食いつき、時として獲物が不足して飢えると共食いすら行なう。日本、中国、韓国、台湾、インドシナ地方に分布し、わが国では本州南部、四国、九州の川や湖沼、池に住み、昼は水底の泥のなかに体をうずめ、夜はいだしてきて獲物をあさる。まれに見るほど臆病な性質で、人が近づいたりするとすぐに逃げて泥のなかに潜む。その臆病ゆえに捕らえられると激しい気性でかみつき、ちょっとやそっとでは離さない。食用としての鼈は、大半が浜名湖で養殖されている。

日本人が鼈を食べたのは比較的新しく、京では天和・貞享のころ（一六八一〜八八）、江戸では宝暦のころ（一七五一〜六四）、露店の煮売りに現われたという。それまでは下司《げす》の食べ物としてほとんどかえりみられなかった。ただ、平安時代の『続《しょく》日本紀』に「近江国から白鼈《はくべつ》上る」とあるが、これは食用としてではなく、珍しい亀として標本用に送ったものだろうといわれている。

鼈の料理は有名である。最もうまいのは十月ごろから翌年四月ごろまでの冬期で、特に冬眠に入る直前のものは脂がのっていて最上の旬《しゅん》とされる。肉、内臓、骨などことごとく食べてしまう鼈料理の調理法は、「四つほどき」という方法で解体する。まず首を切り落とし（このとき出る生き血は強精剤として珍重される）、血をよく絞ってから、甲羅、内臓（生き肝も強壮剤とされる）、膀胱、胆のうを分け、腹甲を切り、足を四つに分け、爪を除く。このようにしてほどいた鼈は、厚手の土鍋による鼈鍋にするのが大半で、充分にだしの出たスープや肉には少々の酒とショウガの匂いがかすかにのって、奥行のあるうま味として口中に充満し、甲羅のゼラチン質の歯ごたえがなんともいえぬ喜びを与えてくれる。ここに出る残り汁に飯を加えた雑炊はことのほか美味である。

鼈には「マル」という異名もあるが、これは中国では鼈を団魚《トアンユイ》と呼ぶところからきている。その中国には昔から亀は八徳（忠、孝、悌、信、礼、義、仁、智）を忘れた無道者として扱われ、食べることすらなかったというが、中国南部のほうではよく食べている。その地方の鼈の食べ方は、水に浸した木綿で生きたままの鼈をぐるぐる巻きにし、熱灰のなかで蒸焼きにする地獄料理が有名と聞いた。ヨーロッパでは、鼈は主としてスープのだしとりに使い、身はほとんど食べないが、スペインやポルトガルでは肉部だけをトマト煮やクリーム煮として食べることもある。

最近は鼈の愛好者が多くなったため、供給が追いつかぬこともあって高価な料理となっている。それもそのはずで、食べごろになるまでには三年はかかり、養殖もそう簡単な手間ひまではいかぬからだという。鼈に生まれてくるととんだことになる。

海亀

浦島太郎が助けた亀につれられて龍宮城に行ったときの亀。砂浜で深夜、ピンポン玉ほどの卵を産み、砂をかぶせて再び海にもどる亀。あれが海亀である。青海亀、赤海亀、タイマイなど甲羅の大きい海産の亀を総称して海亀と呼ぶが、別名を正覚坊《しょうがくぼう》とも異名する。暖海に広く分布し、甲羅の長さは一メートルにも達する。青海亀は甲羅の色が暗緑色、赤海亀はやや白を帯びた淡い赤褐色、タイマイは複状の甲羅で緑、赤、黄、白を持って美しい。

「鶴は千年、亀は万年」といって、日本では昔からめでたい動物としてあがめられてきたから、これを食べる風習はほとんどなく、鼈を例外とするぐらいである。だが世界の国々では亀をよく食べる。地中海でもアメリカでも南米でもフランスでも海亀を好んで食べるし、アマゾン流域やベトナムのメコン川流域にでも行けば、海亀はいないから陸亀すら地獄料理で食べてしまう。特に地中海やアメリカの海岸にあるシーフード専門のレストランのなかには、海亀料理を店の看板にかかげている店も少なくない。ここで使われる亀は大半が青海亀で、たいそう美味である。青海亀は海藻を主食とする亀であるから肉に臭みもなく、上品なうま味を持ったシーフード料理の好材料として珍重されているのである。これに対し赤海亀は海藻をほとんど食べず、魚、イカ、貝そして死魚まで雑食する動物食餌性であるから、肉には特有のにおいがあって食用には向かない。ここ数年前からわが国の南の島では、青海亀料理を名物としているところもでてきた。

青海亀の甲羅からは強力なコンソメスープができるから、欧米では特にスープで賞味するのを第一とする。肉はヒレの付け根部分をバターいためするとこたえられぬほど気品のある味となり、多くの人を魅了するし、甲羅の下にある肉はシチューや鍋物などに喜ばれる。しかし、なんといっても海亀料理の有名な取合せはステーキとスープである。分厚いフィレ・タータルステーキに、その亀の甲羅からとったコンソメスープを取り合わせるとき、そのうまさに笑みを浮かべぬ者はいないという。甲羅はべっこうの代用品にもなる。

海亀は六〜七月の夜、海岸の砂浜に一メートルくらいの穴を掘り、九〇〜一二〇個もの卵を産む。直径四〜五センチのその灰白色の卵を略奪してきて名物料理とするところもあると聞いたが、これだけはどうも感心できない。卵を大切にして、その亀を何年も何十年も大きく育ててから、そのほんの少しの数を間引きして食べるべきである。

伊勢海老―アメリカンロブスター

伊勢海老

「海老《えび》は生まれながらの翁にて、腰の梓《あずさ》の弓を張り、目は出目にて目出度かりける千代の春」などと、腰の曲がるまで長命であるというところからきた海老の名。日本の房総から九州までの太平洋側の岩礁の多い海に住みつく大型の海老が伊勢海老である。数ある海老のなかでも姿、形、味の三点で最高と称され、珍重される。甲殻がかたく、そのうえ、具足を備えた武将のように立派なところから縁起ものとして正月の飾りに欠かせない。伊勢海老に似た大型のものに、九州やインド、太平洋に分布するニシキエビ、カノコイセエビ、オオバウチワエビ、ケブカイセエビ、ゴシキエビなどがあるが、味のほうでは断然伊勢海老が上である。

伊勢海老は三重、和歌山、高知、伊豆七島などが主産地で、なかでも伊勢湾はこの海老の宝庫だったのでこの名がある。黒潮がじかに洗う、波の荒い外洋の比較的浅い海や岩礁の多いところに居をかまえ、昼間は岩陰に隠れ、夜に出てきてえさをとる。秋から春にかけてが漁期で、旬《しゅん》は寒い冬である。夏場は産卵期のため、身がやせているものが多く、乱獲防止のために禁漁する地域も多い。刺し身は甲をはがして四、五ミリ厚さのぶつ切りにし、パラパラと振り塩をして五分ほど置き、冷水で塩を流して水気を切ってからわさびじょうゆを添える。

ぐりぐりとした歯ざわりに特有の粘つく甘味があって、はなはだ美味である。また甲羅をむかずにそのままを背割りにして、みりんじょうゆやさんしょうじょうゆを付け焼きした鬼殻焼きも野趣満点の味である。

一方、姿のままでぶつ切りし、これをしょうゆ、みりん、日本酒を煮たてたなかに入れて煮つめた具足煮《ぐそくに》や酢の物（薄い塩水でゆでたものの三杯酢）もよい。あっさりしたものでは、ただ蒸すだけの真蒸《まむ》しもよいが、変わったところでは真薯《しんじょ》という料理がある。生のままをたたき、これに淡塩をあて、肉量に対して十分の一のおろした山イモを加えてからすり鉢でよく混ぜ合わせ、好みの大きさに丸めて煮立った湯に入れ、浮き上がるのをとってすまし汁の実としたり、油で揚げてさんしょうじょうゆかしょうがじょうゆで楽しむ。これを焼くと特有の風味が付いて、いっそう結構というものである。この真薯に似たものに吉野揚げがある。これは肉を塩水で洗ってからよくふきとり、これに卵白を塗ってからくず粉をまぶし、油で揚げたもので、やはりしょうがじょうゆで楽しむ。

伊勢海老が日本の海の幸の代表的な美味物となっているのは、万物の魚料理に合うしょうゆというわが国だけの調味料のおかげでもある。伊勢海老としょうゆの取合せは、日本の味をよく物語ってくれるに格好の例なのだ。

アメリカンロブスター

テレビや雑誌で、欧米人が大きなはさみを持ったゆでたザリガニを食べているのをよく見かける。これを日本人はロブスターとかエビガニとか呼んでいるが、正式の名はアメリカンロブスター（American lobster）、あるいはヨーロピアンロブスター（European lobster）といい、ウミザリガニ科に属する甲殻類である。前者は北アメリカの大西洋沿岸に主産する体長五〇センチ、体重一〇キログラムもの巨大な（これまでの世界最大記録は体長六一センチ、体重一九キログラムとされている）甲殻類で、低潮帯から水深七〇〇メートルの範囲に住む。後者もほぼこれと似た大型のもので、ノルウェーから地中海にかけてを主産地とする。アメリカンロブスターは年間約三万トンに及ぶが、ヨーロピアンロブスターは二〇〇〇トン足らずの漁獲量であるから、単にロブスターといえばたいていはアメリカンのことである。巨大なはさみを胸脚に持っていて、甲羅がたいへんにかたいが、食用としてはきわめて美味である。

アメリカにはロブスターを専門に食べさせるレストランが多く、それぞれの店によって料理に工夫がほどこされ、まことに楽しみの多いザリガニなのである。アメリカンロブスターをオマールともいい、最もうまい食べ方のひとつはアメリカンソース煮といわれている。脳みそを主体とした特殊なソースにゆでた肉がつけてあり、皿にとって食べるが、その料理のあまりのうまさにロートレックも思わず頬をおさえたという。また脳みそと肉、殻をよくつぶしてからこれをこし、ポタージュ風にしたスープも天下一品の味である。筆者はたまにオマールが手に入ると、単に塩ゆでしてから肉と脳みそを分け、肉をむしりとりながら脳みそを少しつけて食べるのが好物である。なにせ巨大なエビガニだから、たちまちのうちに満腹になる。

アメリカではほかに、アメリカセミエビ、ゾウリエビ、アメリカミナミイセエビ、ハワイイセエビなどの大型海老もよくテーブルにのぼる。

ザリガニといえば、日本の水田でもよく見かけるアメリカザリガニも食用としてうまい。昭和五年にアメリカのニューオーリンズから食用ガエルのえさとして移入されたものが、河川や湖沼、水田で自然繁殖した。日本では食用としてはかえりみられないが、アメリカの片田舎に行くとボイルしたものをひと山いくらで売っている。ザリガニは海老の一種だから、味もほぼ海老と同じである。たいへん繁殖力が旺盛で、そのうえ、水田で稲の苗をはさみで切断したり、畔《あぜ》に穴をあけて漏水《ろうすい》の原因をつくったり、ジストマの中間宿主になる（加熱すればジストマは死滅できる）など悪名は高いが、味は美味で、だいたいが海老に似た料理、たとえばゆでたり、焼いたり、ときにはてんぷらにして食べる。

柑橘類―レモン

柑橘類

柚子《ゆず》、橘《たちばな》および橙《だいだい》、柑子《こうじ》などは、いずれも芳香精油を含み、その果汁は酸味が強いから、料理の材料に重宝される。これらの柑橘類を人間は実に古い時代から大切に育て、親しみ、利用してきた。

原産地はインド東部、ヒマラヤおよびアッサム、中国揚子江上流地域にあるといわれ、植物学上の分類ではミカン属、キンカン属、カラタチ属に分けられている。普通、食用に供しているのはカラタチ属に含まれる柑橘で、樹皮にとげが多く、複葉、単花で実が熟するものの仲間である。この属に含まれる代表的柑橘にはレモン、ライム、ベルガモット、グレープフルーツ、文旦《ぼんたん》、橙、雑柑類（夏ミカン、伊予柑、八朔《はっさく》など）、柚子、温州《うんしゅう》ミカン、柑子、橘、枳《からたち》など多様で、なじみ深いものも多い。

室町時代の『太平記』の南方蜂起のくだりで、湯河荘司が宿の前の落書きに「宮方の鴨頭《こうとう》になりしゆのかはは都にいりてなんの香もせず」と書いた。鴨頭とは青柚子のことで、雄鴨の頭部の色が柚子の深緑色に似ているところからきたことばであるが、「湯河」を「柚皮」にかけて自らの胸中を歌ったものである。ところがその後、粋《いき》な料理人が、柑橘類を薄く切って吸い物に浮かべる吸い口ものを、「鴨頭」から「香頭《こうとう》」に直して呼んだのである。いずれも洒落の達人だけあって、粋で味のある話である。

この香頭類の最も知られる使われ方は、共通して皮に芳香を持っため、果皮を削り吸い口にする場合と、酸味が強いために、果汁を搾り出して薬味として使う場合がほとんどである。特に正月の飾りに欠かせない橙や酢橘《すだち》は、その搾り汁をポン酢といって、鍋物に広く愛用されている。また、これら香頭類の花は可憐な形の五弁の白い花をつけ、その花の香は果皮の香気を持ちながら、花特有の甘い匂いを合わせ持つものだから、吸い口に浮かばせるとき、椀がいっそう引き立って幻の吸い物となる。

このように日本の香頭類は、同じカラタチ科のレモンやライムのような西洋ものとは異なった芳香を持つ。だから、吸い口にレモンではいけないし、ましてやグレープフルーツのポン酢では湯豆腐はまずいに決まっている。やはり日本料理には日本産の香頭が合うというもので、わが国の四季を含めた気候、風土が日本料理にぴったりと合った芳香果実をつくりあげているのである。

レモン

レモン（lemon）はインドを中心としたアジアの熱帯地方の原産である。それが十世紀ごろヨーロッパ大陸、特に地中海沿岸地方に広がり、なかでもイタリアのシシリー島、フランスのコルシカ島、スペインのゼノア、ポルトガルのリスボンなどで大量に栽培され、名産地となった。その後アメリカが独立し、カリフォルニアを中心として大規模に栽培されたが、レモンはこの地を最適としたらしく世界的な大生産地となった。

ご存じのように、レモンはたいへんに酸味が強い。それもそのはずで、有機酸が五〜六％も含まれているうえに、糖分は二〜三％しかないから、顔がゆがむほど酸っぱい。あの酸っぱ味は日本の梅干しの酸味と同じクエン酸のためだが、なぜこの酸が酸味を強く持つかというと、われわれの舌が酸味として感じるカルボキシル基がクエン酸には三個も存在する（酢の酢酸でさえ一つしか持たないのである）からである。

欧米では、レモンのしぼり汁の製造と販売だけで巨大な企業として成立するほどレモンの消費量は多い。レモンパイ、レモンババロアのような菓子からレモネードやレモンスカッシュのような飲料、肉料理や魚料理の風味付け、野菜サラダの香りと酸味付け、そしてカクテルや紅茶まで毎日の食卓がレモンでにぎわう。

このように欧米人がレモンを多食するのは、食生活がわが国のように高澱粉低蛋白型ではなく、高蛋白低澱粉型のためであって、なかでも多食する肉料理には獣臭を消したり風味を増したりするためにレモンは欠かせない材料のひとつであるから、多量消費されるのである。そのうえ、西欧諸国には肉を多く摂ったあとにレモンを食べることが健康上よいという風習が食生活に密着しているためでもある。女性たちのあいだにも、「レモンは飲む美容剤」といった言い方が昔からあって、レモンを多く摂るとシミやソバカスがなくなり肌が美しくなるとして、好んで食べられる。実際、レモンには多量のビタミンCが含まれているから、その効果は医学的にも立証されている。

日本でもレモンの消費は年々増加の一途をたどっている。レストランに行けば魚やエビフライ、鶏の唐揚げ、ポークソテーなどには必ずといってよいほどレモンが付いている。ところが最近ではトンカツ、和風サラダ、豚肉のしょうが焼き、アジのたたき、白身魚の刺し身といった日本料理にまでレモンが添えられるようになった。それがまた不思議によく合うので感心していたが、先日、日本料理屋とおぼしきところで出された茶碗蒸しにレモンがのっていたのにはがっかりした。

松茸―マッシュルーム

松茸

わが国は湿度が高く、そのうえ絶好の樹木が多くあるので、キノコの生育にはきわめて適した気候と風土を持っており、キノコの王国である。だから、その種類も一八〇種にのぼり、たいそうにぎやかであるが、一般の食卓に登場するのはせいぜい二〇種程度である。秋に田舎の山奥にでも行くと、めったに口にすることのできない美味なキノコと出くわすことがあり、思わず感動などもする。

日本のキノコの代表はなんといっても松茸《まつたけ》、椎茸《しいたけ》、そしてシメジであろうが、ここでは松茸に代表してもらうことにする。「香り松茸味シメジ」といわれるように、松茸の香りとシメジの上品なうま味は、日本料理では昔から常に優雅な話題のひとつとして君臨している。松茸はアカマツの林に生じる担子菌類《たんしきんるい》マツタケ目キシメジ科に属するキノコで、これだけ自然科学が発達した今日でも人工栽培が困難なこと、収穫量が少ないことなどの理由から、たいへんに高価なものであることも話題のひとつとなっている。旬《しゅん》が九月下旬から十月中旬までの短期間であることが、季節感をいっそう強く印象づける。軸が太くて短く、少々傘が開きかげんのうえに、色の濃いものがよしとされる。平安時代の『散木集《さんぼくしゅう》』に、「ほどもなく取りだせとやおもふべき松と竹とはひさしきものを」とあり、松茸を一年ぶりに味わう喜びと期待が率直に現われている。

松茸料理には香りを食べようとする工夫がいつも見られる。代表的な土瓶蒸しも香りを大切にした料理で、もともとは松茸に酒を少しふりかけて土瓶に入れて蒸した素朴なものであったのが、今日では松茸のほかに鶏肉、ハモ、クルマエビ、ギンナンなどを入れたたいへん豪華なものになった。これらの具とて松茸の香りを重要に考え、なるべくくせのないものを選び、湯でサッとゆでておいたものを土瓶に入れ、これに厚めに縦切りした松茸を入れてだし汁を加えてから火にかけて、松茸の香りがほのかにもれてくる沸騰直前に火から下ろしてできあがる。これにユズやスダチの酸味をしぼって土瓶に合った猪口《ちょこ》を添えるが、その猪口に熱いものを静かに注いで飲む香りのよさ、味のよさ。

素朴ながら、松茸の香りを最も堪能できるのは焼き松茸である。採ったその場で丸のままの松茸をこれを覆っていた落ち葉で焼いて食べたり、炭火でさっと焼いてスダチとしょうゆで食べる野焼き松茸はこたえられない味である。また、焙烙《ほうろく》の底に塩と松茸を敷き、その上にもう一枚の焙烙を被せ、このなかで蒸焼きにする焙烙蒸しは、香味を失うことなく、野趣に富んだ食べ方としてこれを第一とする通人も多い。このようにできるだけ包丁の金気《かなけ》に触れさせないように、手だけで扱うのも松茸ならではである。

松茸がいかに香りを大切にする食べ物であるかを示す最高の料理例は、清水でぬらした腰の強い和紙に松茸を包み、これを落ち松葉で蒸焼きにしたもので、香りも味もみごとに茸の肉に残り、和紙を広げるときの芳香にはおもわず興奮させられる。

マッシュルーム

松茸、椎茸、シメジ、初茸、松露《しょうろ》、ナメコなどの日本の食用キノコに対し、西欧にはヤマドリタケ、タマゴタケ、クロウスタケ、ハラタケ、アミガサタケなどがある。英語では食用のキノコをマッシュルーム（mushroom）といい、食べられないものをトードストゥール（toadstool）といって区別しているから、さしずめ日本の食用キノコと毒キノコのような分け方である。だから、日本のスーパーマーケットや八百屋の店先で売られている、頭の丸いマッシュルームというキノコ（フランス語ではシャンピニヨンという）は、正確にはハラタケというキノコなのである。このキノコは、人工栽培が容易であるのでわが国でも生産され、たいへんな勢いで一般化したのでこういう名がついてしまったのだ。

日本と西欧の食用キノコの互いの特徴は、日本の場合、味と香りの強いものが珍重されて、料理法もそれを生かすように手が加えられるが、西欧の場合、多くは形と歯ざわりに重点がおかれる。ハラタケなどはその好例であって、味や香りはむしろ弱いほうで淡白なのに、均整のとれた丸い形と弾力には西洋料理の素材としての特徴がよく備えられている。

日本にはキノコの生食例はあまりないが、西欧ではよく見られる。魚の刺し身のような生食は日本料理の特徴のひとつであるが、西欧には野菜をはじめとして植物の生食がかなり多いのも面白く、キノコではハラタケやカンゾウタケを生のまま薄く切ってサラダのなかに入れたり、野菜や果実とともにジュースにして飲んだりする。ついでだがこのカンゾウタケというキノコは、大型で赤色をしていて、そのうえ牛の舌のような形をしているので、これをバター焼きにするときは特に「植物ビフテキ」(vegetable beef-tongue steak) と呼んで喜ばれている。

日本には松露と呼ばれるキノコがある。丸い形をした塊状の食用菌で、五月ごろの日当たりのよい松林の土などに現われる。多くはそのまま吸い物にしたり、和《あ》え物、酢の物などにする。東北地方ではこれを「まめだんご」とか「まんめだんご」と呼んで初夏の味覚とするところも多い。ところで、このまめだんごとやらは街で売られている西欧の松露、マッシュルームの頭部に酷似しているのだが、味と香りはけた外れに違う。まことに風味があって、マッシュルームとは比較にならないほど味が濃い。豆腐とのみそ汁でいっそううれしい感動の汁となる。先日、東京のデパートで「フランス産松露」というのを売っていたので買い求め、汁物にして食べてみたが、日本の松露とは格段の差があった。

また、フランス人があのフォワグラとともに珍重するトリュフは、日本の松茸に勝る芳香と味を持っているとものの本には紹介されているが、実際それを現地で食べた人たちの話を総合すると、明らかに日本の松茸に軍配をあげている。日本の気候と風土は、かようなまでキノコを美味にしてくれるのである。

甜瓜―メロン

甜瓜

中国長沙（馬王堆）の漢墓（二一〇〇年前の西漢初期の墳墓）の遺跡からほぼ完全な姿の婦人のミイラが出てきたのは一九七二年のことである。これを機にその後、中国のあちこちから完全体のミイラが発掘されてきたが、彼らの胃のなかには甜瓜《まくわうり》の種子が残っていて、当時からウリが普通に食べられていたことが分かった。

甜瓜はウリ科の一年生蔓草《まんそう》で、真瓜《まうり》とも唐瓜《からうり》ともいう。英語ではオリエンタルメロンである。唐瓜の名から分かるように中国から来たものだが、原産地はインドだという。

和名の「まくわ」の名の由来は、美濃（岐阜県）に真桑という村があって、ここでよい品種として育ったからともいわれる。日本に入ってきたのはたいへんに古く、四、五世紀の応神天皇の時代であるといわれるが、以後そう多くは食べられていなかったようだ。江戸時代に入り、南蛮船が伝えた新しい品種がそれまでのウリに比べ美味で、香りも高かったことから急に食べられて一般化した。江戸時代の『草木《そうもく》六部耕種法《りくぶこうしゆほう》』にはうまい甜瓜の見分け方が詳しく記されている。ウリの皮は厚めにむいたほうがうまいというので、「ナシの皮は下司《げす》にむかせろ、ウリの皮は大名にむかせろ」というたとえも当時からあった。

今日では甜瓜をあまり食べることがなくなってしまった。昭和三十年ごろまでは初夏に八百屋の軒下に並べられていて、甘い匂いが鼻をくすぐった思い出がある。かすかにカボチャくさかったが、甘く高い芳香があって舌を躍らせもした。真夏に熟れたものはトマトやキュウリなどとともに井戸水に冷やして食べたが、今でもあのときの甜瓜の素朴な甘味と田舎風の果物香は日本だけのものと思っている。

甜瓜が消えてしまった最大の理由は、このウリにまさる品種改良型のメロンが登場したためで、その代表的なものが露地メロンの一種、プリンスメロンの出現だった。このメロンは甜瓜の血を引く雑種メロンで、西欧の網メロンとの交配によってできたものである。病虫害に強く、多収穫で、そのうえ芳香や甘味などの品質が優れているから大いに受けた。

ウリにかぎらず、果物の品種改良はどんどん日本の血統を薄めていく。紅色で酸味の強かったリンゴがとびぬけて大きく甘味となったり、まるでモモやスモモとは思えないネクタリン、巨大なスイカなどが次から次に現われる。これまで見たこともない果実や野菜が平然と店頭に並んでいる現状を見るとき、日本人は無意識のうちに、だが確実に西欧風の野菜や果物に慣れ親しんでしまい、日本に昔からあった素朴なものを忘れようとしている。

メロン

メロン（melon）を大きく分類すると網メロン系、ヨーロッパ・キャンタロープ系、冬メロン系、雑種メロン系、マクワウリ系、シロウリ系になる。一方、その栽培法からは温室メロンと露地メロンとに分けられ、温室メロンはイギリス系のネットメロン（網メロン）をいい、露地メロンはイギリス系ネットメロンとマクワウリ、シロウリを除くメロンをさす。わが国の気候風土に合うように品種改良された露地メロンのなかの雑種メロンには、プリンスメロン、しらゆき、ゴールドメロンのように網目のないマクワウリ型と、ふかみどり、平塚二号、コザック、夕張、芳露のように網目型に分かれる。

メロンの原産地は中央アジアで、エジプト、フランス、イタリア、イギリスなどで育ち、このヨーロッパ育ちのメロンが日本には明治中期、イギリス温室メロンは大正十四年に入ってきた。それまで甜瓜を食べてきた日本人は、このネットメロンの気品の高い形や優雅な芳香、上品な甘味につくづく感心した。だが当時、温室などという気のきいた設備を持っている農家などめったになかったから、ネットメロンはたいへん高価なもので、宮中や一部の政治家、富裕な商家、高級洋食店などでかぎられた人が食べていたのである。

それから数十年が過ぎた今日でも、このメロンは相変わらず高価なもので、先日も銀座の有名な果物店にあったものの値段が一個八〇〇〇円もするのに驚いた。ネットメロンが高いのは多収穫ができず、温室育ちのために手間と設備に金がかかるためである。そこで、これを改良しようとの試みが行なわれた結果、日本の風土に合った多くのネットメロンを安価なものとして生み出すことになった。夕張メロンやコザックなどがそれである。そういえば、結婚式の披露宴で最後にメロンを出すか出さぬかでは、一人に付き一〇〇〇円ほどの差があるという話を聞いて、甘いメロンもちょっぴり苦くなる思いであった。

このところメロンパンが人気となって復活してきた。昔パン屋や駄菓子屋にはこのメロンパンというものがいっぱい売られていた。少し堅めのパンで色は黄色からやや黄緑色、表面にザラメ糖の粒が少しついていて、これに合成香料のメロンの匂いがかすかについていた。アンパン、ジャムパン、クリームパン、コッペパンという地味で素朴な感じのパンのなかにあってひときわ目を引くパンであったが、これがたいそう安かった。高くてメロンに手の届かぬ子供たちは、メロンパンのほうがずっとうまいと負け惜しみを言ってパクついていた。

葱

葱《ねぎ》の原産地はシベリアとされるが、これを自国のものとして自国の料理に欠かすことのできぬ存在に育てあげてきたのは日本人である。中国には周代の『爾雅《じが》』に「本白く末青し」と記載されるくらいだし、ヨーロッパでもサラダの香辛料として少量栽培された程度である。わが国では『日本書紀』に「秋葱《あき》」の記載があり、天皇即位の大嘗会《だいじょうえ》には神饌《しんせん》のひとつとして供されている。

日本人が葱を古くから大切に育ててきた理由のひとつは、葱の成分には消化液の分泌を促進し、胃腸を整え、神経の衰弱や不眠に効き、寄生虫を去り、発汗に効果があるなどの薬食《くすりぐ》いから発展したためといわれている。ユリ科に属する多年生草本で、仲間にはナガネギ、ワケギ、ノビル、ニラなどがあり、いずれも手近にあって、日本料理には欠かすことのできないものである。

葱類はいずれも強い匂いを持つため、料理にあっては魚や肉の臭みを弱めたり、また特有の刺激香は食欲を引き立たせてくれる効果を持つから、いろいろな料理に使われる。ナガネギは関東では下仁田《しもにだ》葱、千住《せんじゅ》葱、深谷《ふかや》葱、京都では九条葱が有名で、たいがいの鍋物には必ずといってよいほど顔を見せるし、刻んだものを納豆に混ぜると、混ぜないものに比べて香味に格段の差をつけて食欲を増進させてくれる。

そして熱いみそ汁やうどん、蕎麦《そば》にパラパラと浮かべただけで、風味がいちだんと引き立つから実にありがたい薬味である。

ワケギは根元が多くの株に分かれた葱という意味で、ナガネギほどの強い匂いはなく、独特の落ちついた香りの上に上品な甘味を持ったお洒落《しゃれ》な葱である。この葱は香味の上品さを身上《しんじょう》とするから、たいていの場合薬味として使われるが、ゆでるときにはゆですぎは禁物で、ヘタヘタと流体状となり、さらに長く加熱すると匂いが変化して不快な匂いとなってしまう。

ノビルはエゾネギまたはイトネギともいい、春、日当りのいい土手などにヒョロヒョロと伸びている。ラッキョウを小さくしたような白い玉を茎根とし、生のままみそをつけて食べると、強い刺激性の芳香と辛味が口のなかに広がって野趣味が存分に味わえる。ニラは俗に「にぎりべ」（握ることのできる屁《へ》）といわれるように、はじめから臭いものとされる。この特有の匂いはメチルスルフィッド、メチルメルカプタンが主であるが、その臭みのなかにも秘められた甘味があり、また料理になってからの匂いは誰をも魅了せずにはおかない。特に肉類の獣臭を消すのに有効であるから、レバーのようなものといためられる。

禅寺の入り口に「不許葷酒山入門」と石に刻まれた戒めをよく見る。葷《くん》はニラ、ニンニクのような臭い匂いの野菜や、ショウガのような辛味のある野菜のことで、酒とともに仏教では避けて飲食しない（ことになっている）。だから、これを口にした者は寺に入ることは許さないという意味である。だが、まったく飲酒しては駄目かというとそうではないようで、筆者の友人の僧侶にも飲みつぶれを知らぬ酒豪がいて、これがこともあろうにやきとり屋に行くと葱の串焼きばかり好んで食べるし、また寺では般若湯《はんにゃとう》などと称して酒をガブガブ飲んでいる。わが愛すべき友であり、愛すべき僧である。

オニオン

エジプトのピラミッドをつくる労働者が玉ネギ（オニオン）をかじって頑張った話（玉ネギの主成分は特有の甘味と匂いを持った硫化アリルで、ニンニクに共通するものだから力づけに用いたのだろう）は有名で、人類は相当古い時代からこれを食していたことが分かる。原産地はペルシャ湾岸とも、またインド北西部や中央アジアともいわれるが明らかではない。ユリ科の多年生草本。日本には明治十年に入ってきたが、以後はわが国の土地に合った辛玉ネギが主体となり、欧米の甘玉ネギと一線を画した。

玉ネギの単独料理はあまり例を見ず、主として西欧料理の素材として幅広く使われているが、なんといっても肉の味とよく調和し、特に洋風の煮込み料理では、玉ネギ抜きのものは考えられないほどである。オニオンベースのスープやシチューはほぼ全世界的料理となっている。

玉ネギを調理するとき発生する刺激物は、ときおり料理人の目に涙をためる。あの主成分は二硫化プロピルアリルおよび硫化アリルという化合物で、涙腺を刺激して涙を出させる。これを避けるための有効な方法はないというが、あまり刺激が強すぎて目が痛むほどの玉ネギであったならば、水のなかに入れて皮をむくとよい。

玉ネギの最大の魅力は、肉料理の獣臭を消すのに持って来いであり、肉のうま味を引き立たせるのにも格好であって、そのうえニンニクと異なり、加熱後は口に匂いが残らない点にある。また、玉ネギには糖質が七％もあるから甘く、多量に含まれている二硫化物も加熱されると甘味の強いメルカプタン類に変化する。たとえば玉ネギに多くある硫化メチルプロピルや二硫化プロピルアリルなどから生成されるプロピルメルカプタンという化合物は、砂糖の五〇倍もの甘味を持つ成分である。また、うま味の中心となるアミノ酸も一〇〇グラム中四〇〇ミリグラムも含まれているから、なおよい味となる。

玉ネギは、もう外来菜の仲間からはずしてよいほどわが国では一般化してきた。それは日本の気候や風土に合った品種に改良されたためで、春蒔《ま》き、夏蒔き、秋蒔き、冬蒔きの全季節型に品種を持ち、さらに黄色系、赤色系、小玉ネギ系といった形質の違った品種も持ち、さらに貝塚、今井、泉州といった地域性をも備えている品種まである。西洋の血はすでに薄く、日本の血を濃く持つ野菜なのである。

温州ミカン―オレンジ

温州ミカン

温州《うんしゅう》ミカン（単にミカンといえばこれである）は日本の代表的な果物のひとつで、温州とは中国浙江《せっこう》省温州の地名である。わが国には今から五〇〇年ほど前にその温州から鹿児島（鹿児島県出水郡長島町付近）に伝えられ、そこで育ったのが温州ミカンの原木なので、英名ではこのミカンのことをサツマ・マンダリンともいう。この品種はしだいに品種改良されて、福岡、愛媛、広島、香川、大阪、和歌山などに広まり、紀国屋文左衛門のみかん船の逸話なども生んだ。その後愛知、神奈川、静岡と産地も北に広がり今日に至っている。

温州ミカンは日本人が最も身近に食べてきた果物であるが、これが安価で自在に食べることができるようになったのは近年である。昔は貴重な食べ物だったらしく、『看聞御記《かんぶんぎょき》』には応永二十六（一四一九）年十一月に「室町殿に蜜柑二籠贈る」とあり、また寛永十一（一六三四）年には紀州有田から江戸に送ったミカンの代金は三籠で二両という高値であったことなども記録されており、なかなか庶民の味ではなかったようだ。これも、明治時代に入るとミカンが産業的に生産されはじめたこともあって、明治十年には一貫目四銭という大幅な安値となり、日本人から切り離すことのできない果物となった。

そして最近では、品種の改良や栽培技術の飛躍的な発展で生産が過剰気味となり、生食用に余ったものは缶詰やジュースにまで加工されている。それでもまだ余剰が多いというので、ある多収穫県ではジュースをサウジアラビアとかアラブ首長国連邦といった飲料水に不足している石油産出国に輸出し、その代金を石油で支払ってもらうバーター貿易を成立させた。日本のミカンも石油に代わる時代になった。

わが国の生食用柑橘《かんきつ》類はほかに、夏ミカン（山口県長門市仙崎の海岸に一七〇〇年ごろ漂流してきた種子を原木として育てた）、八朔《はっさく》、伊予柑《いよかん》（穴門《あなと》ミカン）、三宝柑《さんぽうかん》（別名をダルマミカンという三〇〇グラムもある大型のミカン）、文旦《ぼんたん》（ザボン）など多様でにぎやかである。なかでも文旦は世界の柑橘類では最大のもので、特に大きなものになると三〜七キログラムにも達する。この血統に近いグレープフルーツも大果である。

日本には昔からこれらのミカン類の皮をそのまま乾燥したものを布で包み、かぜ除けや美容の目的で風呂のなかに入れて重宝してきた。日本の柑橘類には特にビタミンCが豊富であるので、その効果も充分に期待できるのだろう。

オレンジ

ネーブルオレンジ（navel orange）とは上品な名前だが、日本ではこれを臍柑《へそかん》という。ネーブルとは英語で「臍」という意味で、花落ちのところがちょうど臍のような形になっているからこの名がある。中国から発して地中海沿岸に広がり、アメリカに移されてからはカリフォルニアの地にあって改良され、今日の橙色鮮やかな甘いネーブルオレンジになった。日本には明治二十三年アメリカから入ってきて、和歌山、広島、静岡、愛媛で広く栽培された。丸形または短楕円形の頭頂にポコリとヘソが出ている。

オレンジと日本の温州ミカンとにはたがいに相異なる点が幾つかある。そのひとつは、オレンジは外皮も肉皮（袋）も果肉に密着していて離れがたいのに対し、ミカンは容易に手で分けられる。だから、温州ミカンはそのまま皮をむいて食べるが、オレンジは輪切りにしてから丸く皮をはがして食べるか、だいたいは果肉を搾って果汁を飲むことが多い。第二は成分上の違いにあって、オレンジは平均して九〜一一％前後の糖分を持つが、温州ミカンは八〜九％、ビタミンCはオレンジで六〇～六五ミリグラム（果汁一〇〇cc中）であるのに対し温州ミカンは三五～四〇ミリグラムである。また、オレンジは高い芳香を持っていて、果汁を搾ったあとの果皮を蒸留し、芳香精油を取る原料にもなっているが、ミカンの香気はそう強烈ではない。オレンジはまたペクチンも多く含んでいるから、ジャムやマーマレードにも広く加工される。

オレンジは上品な甘酸味と幾分かの苦味、そして高い芳香を持つから、カクテルの材料として持って来いである。オレンジ・ジン、クレーム・デ・オレンジ、オレンジ・フィーズなどはその代表だが、カクテルに欠かせないもののひとつにオレンジ・ビタースがある。オレンジの優雅な香りと上品な苦味をカクテルで楽しむために、スペイン産の苦味のあるオレンジを原料として、そこから香味を搾りとったものである。一方、オレンジを原料とした酒は南米のベネズエラ近くのキュラソー島でつくられる名酒キュラソー(curaçao)がその代表である。オレンジの香りの高い皮、ニッケイ、チョウジなどの香料材を蒸留してキュラソーエッセンスをつくり、これをブランデーに加え、さらに糖を加えた酒で、主にカクテルに使われる。

最近、アメリカは日米の貿易の均衡を図るために牛肉やオレンジなどの農産物の輸入品目の自由化を為し遂げた。アメリカは世界一のオレンジ生産国で、国内には大量のオレンジを抱えているから大いに助かったであろう。ところが、これに対抗しようと、日本のミカン農家も次から次に品種改良し、輸入オレンジに負けないほどの香味あふれるミカンをつくり出した。柑橘伝統国の意地であるのだろう。

枝豆

枝豆は、日本人にとっては身近な酒の肴《さかな》として、また料理の材料としてなじみのものである。未熟な大豆を単に塩ゆでするだけで、鮮やかで新鮮な緑の粒々からコクのあるうま味がはじきでてくる。そのまま酒やビールのつまみに最適のほか、ゆでてすりつぶしたものを料理に使い、酢にも和《あ》える。関東地方では枝豆、関西では田畑の畦《あぜ》に植えたものを用いるから畦豆ともいい、また地方によってはさやごとゆでるからさや豆ともいう。陰暦八月十五日の夜と九月十三日の夜の月見にはなくてはならぬものとされるから、十三夜は別名を「豆名月」ともいう。

大豆の原産は中国北部ともいうが、日本には有史以前に入ってきて雑草のように育っていたようだ。マメ科の一年生草本。枝豆用の大豆は夏大豆型の品種で、早生《わせ》で大粒、実やさやが鮮緑色であることが要求される。

近ごろは冷凍技術の発達で、一年中いつでも食べられるようになったが、なんといっても七月ごろに出まわる新鮮なものが格段にうまいのはいうまでもない。さらに毛のある大豆が特に美味で、味が濃く、毛のない裸大豆は味が劣る。うれしいことに、七月にうまい大豆を食べそこなっても、九月には別種の晩生品種が出てくるからチャンスは二度ある。
昔から、夏の夕涼みは庭の縁側でゆでたての枝豆を食べて団欒《だんらん》するのが風流のひとつというもので、その枝豆をうたった句も多い。

枝豆や三寸《さんずん》飛んで口に入る　正岡子規
枝豆や莢噛《さやか》んで豆ほのかなる　松根東洋城
枝豆や雨の厨《くりや》に届けあり　富安風生
枝豆や詩酒生涯は我になし　木下夕爾
枝豆や客に灯置《ひお》かぬ月明り　栗津水木草
枝豆の真白の塩に愁眉《しゅうび》ひらく　西東三鬼
逢はぬこと月をまたぎつ枝豆に　松村巨湫

秋きぬと目にさや豆のふとりかな　大江丸

枝豆を色よくゆであげるには、水にひとつまみの食塩を落とし、ふたをせずにゆでることである。そして、ゆであがったらすぐにザルにあけて冷水をかけると、青味が増して鮮やかな色になる。

枝豆はいつのまにかビールのつまみに持って来いの取合せになった。枝豆にはビタミンB_1とCが多く、とりわけビタミンCは一〇〇グラム中に三〇ミリグラムも含まれており、この量は、果実ではミカンに相当するほどのものである。これらのビタミンはアルコールの酸化分解を促進し、肝臓や腎臓の負担も軽減させてくれるから、枝豆は酒にむく肴《さかな》というものである。

ナッツ

日本の枝豆が酒のつまみとして最適のひとつなら、欧米にはナッツがある。こちらは枝豆のようにやわらかくなく、「バリッ！」「カリッ！」と派手である。

アーモンド（almond）はバラ目サクラ科の落葉性高木（七～八メートル）で、スペイン、イタリア、アメリカ・カリフォルニア州が主産地である。モモに近縁の木であるが、果皮を利用せずに、核内の仁《じん》を食用あるいは製油用にする。水分は五％しかなく、五五％もの脂質と一九％もの蛋白質を含む高エネルギー食品である。油でいったあと、塩やバターで調味し、ビールのつまみやスライスして洋菓子の材料とする。

カシューナッツ（cashew nuts）はミカン目ウルシ科の常緑性高木（一〇～一五メートル）で、ブラジル、西インド諸島、中央アメリカ、南アメリカが主産地である。果実は西洋ナシ型のカシューアップルで、この先端にかたい殻を持った約二～二・五センチの組織があり、そのなかに仁があってこれを食用とする。この仁は、いったもので水分四％、脂質五〇％、蛋白質二〇％、糖質二五％と、たいへんに栄養価に富んだナッツとして知られている。

ピスタチオ（pistachio）はミカン目ウルシ科の落葉高木（一〇メートル）で、核内の仁は緑色で風味があり、脂質五五％、蛋白質一八％とこれまたカロリーが高い。ペカン（pecan）はクルミ目クルミ科のやはり落葉性高木。脂質七〇%と油のかたまりのようなナッツである。ヘーゼルナッツ（hazel nuts）はブナ目カバノキ科の植物で、ドングリほどの大きさの実がなり、かたい殻のなかに白い仁があってこれを食用とする。脂質六〇%、蛋白質一〇〜一二%、ビタミンEが豊富であるとして、このところ急に有名になった。

ピーナッツ（peanuts）は日本でもつくられる落花生のことで、南米グランチャコ地域（アルゼンチン、ボリビア、パラグアイにまたがる広大な平原）の原産。バラ目マメ科の一年生草本で、日本では千葉県が特産地となっている。ソラマメ（broad bean）は日本でも多く収穫される豆だが、欧米ではフライビーンズといって、はぜたソラマメを油で揚げて塩味をつけて食べる。マカダミアナッツ（macadamia nuts）はオーストラリア南部原産の高木（一〇メートル）で、種子中の仁はやや黄色を帯び、脂質七〇％と多いわりには淡白な味があり、良質の油がとれる。マツの実（pine nuts）は裸子植物マツ科の種子で脂質六〇％、糖質一七％、蛋白質一五％で、製菓用のほか酒のつまみ、佃煮（牛肉のそぼろなど）に用いられる。

日本の枝豆には季節感があって、それこそ歳時記を食べるようなものだが、西欧のナッツは年がら年じゅうあって、しかも保存がきくから、どちらかというとそれほど新鮮さは感じられない。日本人は、四季に合った旬《しゅん》の味を豆に至るまでよく育ててあげてきたのである。

杏―プラム

杏

十一世紀に中国からわが国に渡来した杏《あんず》は、中国東部の原産である。杏には本杏、満州杏、それに蒙古杏があり、現在食用に供されているのは大半が本杏である。この本杏は中国、日本系の東亜種と欧州種とに分けられるが、いずれも中国東部の原産種が各地で品種改良され、各地方の気候と風土に合ったものが育成されている。わが国に入ってきたのは古い時代だが、当時は果肉よりはむしろ種子が目的で、果肉と種子がうまく離れるからこの種子を割ってなかから核を取り出し、それを杏仁《あんにん》と呼んで鎮咳や鎮静の漢方薬としていた。

わが国では長野県が主産地で、ほかに山形県、山梨県でも生産され、平和号、山形三号、甲州大実、宮坂、信山丸、早生大実、新潟大実などの品種があり、なかには四〇グラムもの大粒となるものもある。東亜種と欧州種には違いがあって、前者は酸が多く糖は少なめだが、後者は、これと反対で、糖が多く香りも高い。

杏は昔から食用としても食べられてきたが、大半は加工されて食されている。十二世紀ごろの文献には「乾杏」とか「干杏」のような語がしばしば出てくることから、多分天日に干して乾燥させ、保存食のひとつとして重宝したのであろう。この方法は、西欧のドライアプリコットやレーズン（干しぶどう）と同じである。

杏やウメの種子のなかの核にはベンズアルデヒドという特有の芳香成分がある。この成分は一時、ガンに効くとの噂《うわさ》があって注目されたが、今はそれを語る人は少ない。この成分は梅酒に豊富に存在していて、梅酒に特有の快香をつける。その匂いを日本人はあまり好まぬが、欧米、とりわけアメリカ人はたまらなく好み、いろいろな清涼飲料にこのベンズアルデヒドを加えて匂いを楽しんでいる。数年前、アメリカの巨大な清涼飲料会社がこの匂いを持つ炭酸飲料を日本で発売したのだが、思うように売れていないという。民族の嗜好性の違いは、匂いひとつでもすんなりと妥協はしないもののようだ。

杏は古名を唐桃《からもも》というが、モモよりはウメに近い、ウメに少し遅れて、五弁の白や淡紅色の美しい花をつける。俳句で杏といえば夏の季題である。

夏杏夜も真白き伊豆に来ぬ　蓼汀

プラム

日本ではこれをスモモとかハタンキョウとか、イクリと呼んで昔から食用としてきたが、今日、果物屋の店先で見かけるのは外来種（米国種、欧亜種）のものである。日本のものには市成《いちなり》、大石早生《わせ》、外来種にはソルダム、ビューティ、サンタローザ、メスレー、フォーモーサー、ホワイトプラムなどが有名である。杏と同様に乾燥して保存食としたものをプルーンといい、そのまま食べるほか、煮込んで料理やデザートに、また無機物を多く含んでいるからダイエットフードにも使われる。

プラム（plum）の色は多彩である。表皮が緑色、暗赤色、黄褐色、黄赤色、暗紫色、赤紫色、白粉におおわれたものなどさまざまで、果肉の色も面白く、表面が赤であったのが内は黄色であったり、緑色であったり、ピンクであったりで、目からも大いに楽しませてくれる。

『万葉集』に、

わが園の李《すもも》の花か庭に降る
　はだれのいまだ残りたるかも

という歌がある。日本でも昔から「李」として喜ばれてきたが、この和名の「すもも」とは「酢っぱいもも」の意から来た。

前漢の劉向《りゅうきょう》の『列女伝《れつじょでん》』のなかに出てくる有名な話に、「瓜田《かでん》に履《くつ》を納《い》れず、李下《りか》に冠《かんむり》を整《ただ》さず」というのがある。これはウリの実っている畑で靴のはきかえをするといかにもウリを盗《と》ったように思われるし、スモモの実っている下を通るとき手をあげて冠をなおそうとすれば、いかにもスモモを盗ったように思われるから、人から疑われるようなことは避けなさい、という意味のものである。

アプリコットやプラムはペクチン質を多く含むから、果肉に砂糖を加えて煮つめるとジャムができる。ジャムは西欧の伝統的な嗜好物のひとつであるが、日本に入ってきたのはオランダ貿易のころだといわれる。だが面白いことに、日本にはジャムに似た「嘗物《なめもの》」というものがたいそう古い時代からあった。かまなくてもよい半固形体の副食物の総称で、みそを主材としたもの、麹《こうじ》もの（かたねりの甘酒）、魚肉・鳥肉もの、野菜や果物の裏ごしものなど多彩であった。金山寺みそとか鯛《たい》みそ、豆みそ、胡桃《くるみ》みそなど、みそものが圧倒的に多かったが、なかには「梅びしお」「杏びしお」「李びしお」といった果肉の嘗物もあった。ウメや杏などの塩漬け物の種子を抜き、これに糖（当時の糖は、甘酒をこしてその液を鍋で煮つめた水飴《みずあめ》が多かった）を加えてよくすり混ぜて裏ごしし、長い時間をかけて弱火で練りあげたものである。「西洋のジャム」と「日本の嘗物」、どこか共通しているように思えて面白い。

芹と三つ葉―パセリ

芹と三つ葉

芹《せり》は宿根草で、至るところの畦《あぜ》や水辺、池の周りに自生しているから、日本人なら知らぬ人はまずあるまい。初春の香味を第一として正月のお雑煮《ぞうに》から顔を出す早《は》や者で、春の七草の首座を占める。

一方、三つ葉は茎や葉に強い香りを持ったセリ科の多年草で、芹が水分の多いところに自生するから水芹または田芹というのに対し、三つ葉は日陰に生えるものであるから畑芹ともいわれる。だから、両者は昔からたがいに近い関係で存在し、古くは両者を一体にして「みつばぜり」などと称したこともあった。したがって芹も三つ葉も料理の用途は同じようなもので、「芹は汁、和え物、芹焼、ひたしによし。野蜀葵《みつば》も同じ」とした昔の料理書も多い。

芹は、サッと熱湯をくぐらせたものを、行儀よく茎と葉を並べ、茎から四〜五センチほど切りそろえたもののひたしが最高のようだ。芹の香りが口いっぱいに広がり、野性の香味を満喫させてくれる。『万葉集』のなかで「芹摘む」といえば「恋する」の意味としてうたわれているほど、昔の人にとって芹は恋いこがれ待ちわびるものであったようだ。

三つ葉は芹よりもアクが少ないから、汁物や鍋物の青みに最適で、吸い物、茶碗蒸し、お雑煮、潮汁《うしおじる》などに刻んでまくと、料理は一段と上品な香りとなり、そのうえ、葉の鮮やかな緑と茎の白が冴《さ》えて見た目にも上品さを増す。

ところで、江戸時代の『料理綱目調味抄《りょうりこうもくちょうみしょう》』には「地を掘り石を並べ、その上にて火を焚き、焼石の上に芹を置き、上を掩《おお》ひ、蒸焼きにし、溜《たまり》に酢を加へてかるく」とある。まことに野趣に富んだ食し方である。ほかに芹の珍しい食べ方として、東北地方には「芹漬け」というのがある。サッと芹を熱湯のなかをくぐらせ、薄塩をほんの軽くしてから、やわらかく圧したもので、風味と歯ごたえの楽しい一夜《いちや》漬けの一種である。

三つ葉にもうれしい料理が多いが、最も素朴で風味を生かしたものは、ゆでるのではなく、サッと湯をくぐらせてから行儀よく並べて切り、これに削りたてのかつお節をパラパラとまいてしょうゆで食べるおひたしがいちばんのようだ。色と香りとあっさりした味は、日本料理に妙味を与えてくれる。

パセリ

オランダ芹とも呼ばれるほど、芹に香りが似ている。そのうえ、葉が盛りあがった芹のような形をしているから葉芹《ぱせり》というのだと思っていたのだが、よく調べてみたらパースリィ（parsley）という立派な英語から来た名だった。ヨーロッパでは相当古い時代から香辛料として使用されていたが、日本に入ってきたのは明治の初期とある。

この草本は緑色が実に鮮やかなので、カラフルな西洋料理には持って来いの色野菜である。だから、西洋料理ではパセリをそのまま添えたり、みじんに刻んでからスープやサラダにまき、味というより色と香りを楽しむのが主体である。芹に似ているとはいえ、パセリには特有の薬草香があるから、日本人にはこれを好んで食べようとする人はそう多くない。ほとんどが料理のつまとして添えてあり、どちらかといえば色彩を盛ったものであるから、食べる人は少ない。私などはいかにも健啖家《けんたんか》風に、チョイと手でつまみあげては口に放りこむのだが、組織がかたいから口のなかでパサパサモグモグとなり、飲み込むときなどのどに異物感があって苦労する。いつのころからか刺し身のつまにはパセリや小菊の黄色い花を添えるが、あれがないと見た目がなんともおさまらないから不思議である。舌を包むようになめらかな日本料理の代表的な刺し身と、舌あたりのザラザラした西洋のパセリ。なんとなく似合わぬ組合せなのである。要するに、パセリは色だけのものので、刺し身とともに食するのは邪道であろう。

パセリは、栄養豊富だから無理しても食べろと幼いころよくいわれたこともあって、つとめてこれを食べる人もいる。たしかにこの香り葉にはミネラルが豊富に含まれ、パセリ一〇〇グラム中カルシウムが二五〇ミリグラム、カリウムが何と一〇〇〇ミリグラム（一グラム）、マグネシウム四〇ミリグラム、リン七〇〜八〇ミリグラム、鉄一〇ミリグラム程度入っている。また、ビタミンB_1、B_2、Cも豊富である。パセリは生野菜のなかでは硬質で水分の少ないことが、微量成分の比率を高めているのだろう。

セロリ（celery）は、形や大きさなどがパセリとは大違いであるが、香りに共通性を持つ。セロリもパセリ同様、セリ科の草本だが、古代からヨーロッパでは薬用植物として広く栽培されてきた。日本にはパセリとほぼ同時期に入ってきたが、特有の生薬の香気は日本人になじみにくかった。しかし、マヨネーズが手軽に普及してきた昭和三十五年ごろから急速にサラダ用として一般化してきた。洋菜のパセリもセロリも生食がほとんどであるが、同じセリ科でも和菜の芹や三つ葉の生食はほとんど見られず、ここに和洋香菜の面白い相違が見られるのである。

無花果

無花果《いちじく》はイラクサ目クワ科の植物で、原産地は小アジア。昔からトルコ、イラン、アフガニスタンなどで広く栽培されていた。中国には比較的おそく、十三世紀ごろにインドから入ったといわれ、わが国には寛永年間（一六二四〜四四）に入ってきた。繁殖が容易で病気に強く、生長も早いうえに多収穫であるから、いたるところで栽培されてきた。六月ごろ、葉の腋《わき》に生じる小さな実のようなものに、無数の花を貯える花嚢《かのう》があって、これが人目にふれないために花なくして実を結ぶものと思われ、「無花果」の名がついた。

果実の可食部は花托《かたく》の発達した肉質部と、その内側に密生する小さな花の部分である。ふつうはそのまま生食するが、砂糖で煮つめたものや、乾燥して干し無花果としたものもある。無花果は日本のみならず世界各地で食されているが、日本ではこの植物を俳句や短歌の季語にしているほど日本的な果物であるから、ここに登場させることにした。

この果物は時として万能となる。普通は果物として生食されるが、以前、物の不足の折には無花果を粉末にしてこれをいり、コーヒーの代用にしたり、成熟したものをのどに塗るとのどの痛みがひいて治り、切り傷から血がでたときはそこに白い樹液を塗れば止血するとされた。

また実や葉を煎《せん》じたものは緩下剤として卓効ありとし、生でも乾物でも実を浴湯に入れれば体中がぽかぽか温まるから風邪除けによいとされ、生葉を便所に入れると臭気を止め、枝葉から出る白い液体は痔疾に卓効ともいい、回虫を除き、消化を助け浄血作用があるなど、万能果物とされた。

それもそのはずで、この植物は多くの不思議さを持っている。花は雌雄別々であるが、雄花は花托の上辺にかぎられて着くというが普通は見当たらず、雌雄異株であるのに日本には雄株がないともいわれ、そして挿し木はたいへんたやすいから簡単に増やせる。茎や葉を切ると、そこからゴムの木のように白い乳液が出るが、これは強力な蛋白分解酵素を含むから、この液にかたい肉を漬けるとたちまちやわらかくなる。

無花果の果肉にある小さな花の部分（小果）には特有の粒があって、これが無花果を食べるときに口のなかで小さく「プチン！」とはじいて快い楽しみが味わえる。この感覚に似たのが次に述べるキウイフルーツの種子で、ほかにイチゴやケシの種子などにも「プチン！」が味わえる。

キウイフルーツ

英名ではチャイニーズ・グズベリー（中国すぐり）と呼ばれるこの果物は、ニュージーランドでは商品名としてキウイフルーツ（kiwi fruit）と呼び、ここ数年前から日本へも輸出している。

キウイとはニュージーランドに生息する珍鳥の名である。翼を持たない、見るからに原始的な大型の鳥で、奇異鳥目キウイ科に属する奇鳥である。七〇〇〇万年以上も他の地域から隔離されて育った生きた化石で、ニュージーランド南島の森林に住み、夜行性で、その鳴き声が「キーウィー」と鳴くのでこの名がある。前肢は小さくて羽毛の下にかくれているから、あたかも毛状灰褐色の楕円形に見え、その形と色がちょうどチャイニーズ・グズベリーに似ていることから、この果物を「キウイフルーツ」と呼ぶことになった。

キウイフルーツは英名はチャイニーズ・グズベリーだが、和名では「中国サルナシ」である。マタタビ科の果樹で、原産地は中国揚子江南西部。日本にもこのキウイフルーツに似たものとして北海道や東北の一部に日本サルナシがあるが、味ははるかに劣る。落葉性蔓《つる》植物で、中国やマレーシアなどで自生するが、現在の主産地ニュージーランドに渡ったのは一九〇六年とある。そこの風土がこの果物にぴったり合ったため、盛んに生産されるようになったが、今日では日本でも栽培されはじめた。しかし、需要の大半はニュージーランドからの輸入によるものである。

このフルーツの風味はどことなく上品な感じがする。糖分が八％前後だが、クエン酸やリンゴ酸など爽快な酸味を持つ有機酸を一・三％も含んでいるうえに、水分もある程度多いから、たいへんさわやかな風味を持った果物となっている。無花果に似た小さな種子が歯に当たって「プチン！　プチン！」と口のなかではじける爽快さもあって人気上昇中である。ビタミンCを多く含有し（果肉一〇〇グラム中八〇～九〇ミリグラム）、美しい緑色はクロロフィル（葉緑素）である。

キウイフルーツは生食が多いが、加工品としてはジャムや缶詰がある。この果物は美しい緑色と上品な甘酸味があるから、いろいろな料理やカクテルにも使われる。オードブルとしてバタークラッカーの上にのせたり、洋菓子の上で美しい緑色を誇ったり、サラダのなかにも顔を出したり、カクテルや果汁に浮かせたり、さまざまである。この果物の持つ美しさと上品な甘酸味は、そのうち飾り物として日本料理にも間違いなく進出してくることだろう。

和牛―西洋牛

和牛

人間が獣の肉を有史以前から食べていたことは遺跡の壁画や遺出物からよく分かる。日本でも大昔はそうであったが、有史上の史書や古文書に出てくる肉食いの最初は、「宍《しし》」と称してイノシシとシカの肉がほとんどであった。その後、仏教の伝来とともに肉食の禁令が頻繁に出るようになったが、それでも食べてうまく、栄養のある肉を食べぬ手はないと、鳥などは盛んに食べられていたようだ。平安時代の『延喜式《えんぎしき》』にさえもシカやイノシシ、鳥の献上が述べられている。鎌倉時代から戦国の世では、武将たちのあいだで狸汁《たぬきじる》や川獺《かわうそ》汁などが流行し、江戸に入るとクマ、シカ、イヌ、タヌキ、ノウサギ、野鳥などが食べられ、各地に獣市が立った。

牛肉も日本人は古くから食していた。『古語拾遺《こごしゅうい》』（八〇七）に「大《おお》国主命《くにぬしのみこと》がまず農民に牛肉を食わせた」との記載があり、太古の昔から牛を食べていたとの見方は定説となっている。だが当時、牛は運搬用や農耕の使役に大切であったから、そうたびたび食されたというのではなく、たまに薬食《くすりぐ》いされた程度のようである。牛がよく食べられるようになったのは江戸時代、近江牛の肉のみそ漬けを井伊家が将軍に献納したところに始まり、明治維新以降は文明開化運動の『安愚楽《あぐら》鍋《なべ》』（明治初期の仮名垣魯文《かながきろぶん》の滑稽小説で、明治の新文化のありがたみを半可通《はんかつう》の口を借りて讃美したもの。ハイカラ食として牛鍋も登場し、もてはやされた）を例としてさらに大衆に近いものとなった。日本の牛（和牛）は古くは役用で食用ではなかったが、明治以降、役肉兼用の牛に改良され、その後肉専用の牛がつくられた。現在、日本人が食べている牛肉は肉用牛と乳用牛の肉で、需要の大幅な伸びで肉用牛だけでは供給できず、今日ではむしろ乳用牛の肉を食べる割合のほうが多くなった。

和牛はホルスタインやジャージーなどの乳用牛とは異なり、肉質と関節がしまっている役肉兼用種で、インド牛や朝鮮牛に近いものである。黒毛和種、無角和種、赤毛和種、東北短角種などがあり、これらのなかには西洋肉牛（ブラウンスイス、デボン、アバディーン・アンガスなど）の血を混じらせて品種改良したものもある。

和牛は一般に高級牛肉を目標に生産されたものが多く、よい肉質はきめの細かさとしまりを持っているうえに粘りがあり、霜降りがつき、口当りがやわらかく、甘味があって、総じて優雅なコク味を持ったものとされる。

和牛の銘柄牛には松阪牛、近江牛、神戸牛などがあり、ビールを飲ませたり、高級果物を食べさせたりして育てる話は大げさとしても、最高級牛肉の生産を目ざしていることは確かである。ほかに岡山県の千屋《ちや》牛と高山牛、島根県の因幡《いなば》牛、山口県の防長《ぼうちょう》牛、愛媛県の伊予《いよ》牛、長崎県の小値賀《おじか》牛、鹿児島県の池田牛、大分県の豊後《ぶんご》牛、熊本県の矢部牛、北のほうでは山形県の米沢牛、岩手県の南部牛などが有名である。

和牛の食べ方には最高の肉質を生かした食べ方が多い。なかでもすき焼き、しゃぶしゃぶ、和風ステーキなどは、いずれもしょうゆやみそダレを用いて食べるもので、日本で生まれ育った牛肉に日本にしかない調味料で食することは相性よきことこのうえない。

西洋牛

肉を食べる歴史や伝統、そして消費量など、いずれをとっても日本は欧米にてんでかなわない。ショートホーン種、アバディーン・アンガス種、ヘレフォード種、ガロウェー種、ロングホーン種などの代表的な肉用種は、いずれもイギリスの原産で著名なものであるが、欧米人は肉用牛のみならず乳用種も多く食べるから、牛肉といってもまことに幅の広い肉質を楽しんでいるわけである。日本には、米を主食とし、肉を副食とする基本的な考え方があって、肉だけ食べてごはんを残そうものなら文句のひとつも出ようというものだが、西欧はこれと逆である。多くの日本人は西洋料理はパンが主食と考えがちであるが、食事におけるパンの役割は日本のごはんの立場とまるで違う。パンは料理のなかの一種の添え物であって、これをパクパクとやる者はまず見かけない。だが、肉や他の料理は主食のように食べる。

イギリスにも、フランスにも、アメリカにも、南米のどんな国にでも牛肉の有名な生産地が幾つもある。だが、欧米ではどちらかというと質より量、高価より低価の考えがあり、異常と思える日本の高級牛肉嗜好性と大きな隔たりがある。だから、外国では牛をほぼ丸ごと一頭食べてしまうほどの料理法を持っている。ステーキ、ボイル、シチュー、ロースト、フリカッセ（ホワイトソースで子牛肉を煮込んだもの）などを主な調理法として、イタリアのオッソブコ（骨付き肉の煮込み）、フランスのルラードブッフ（牛肉の巻き肉料理）、アルゼンチンのパリージャ（牛内臓の鉄板焼き）、ギリシャのムサカ（牛ひき肉の上に生クリームをのせ、オーブンで焼いたミートパイ風の料理）などを例にしても、それぞれの国はその国特有の牛肉料理を持っている。

日本人がマグロのトロを好み、西欧人はこれをあまり食さぬと同じように、西欧人は牛の舌《タン》や尾《テール》をこのうえなく大切にして、これを生かし切った料理にするのに、日本人は臓物扱いにしているのは、たがいに似た話なのである。舌はオックス・タンとしてシチューにされる。さまざまな方法はあるが、切り落とした舌を熱湯でゆで、表皮をはいでから塩、こしょうをこすりつけ、赤ワインを注いで半日ぐらい漬けておく。香辛料（ニンニク、粒こしょう、ローリエなど）を野菜（玉ネギ、ニンジン、セロリなど）とともにいため、褐色のフォン・ド・ボー・ソース（玉ネギ、ニンジンと子牛の骨付きすね肉、サラダ油、トマト・ピューレ、セロリ、ニンニク、パセリなどで煮出したソース）で煮込む。尾（オックス・テール）はその付け根から切り離し、表皮の毛をそりおとし、関節から切り分けて湯がきしてからスープやシチューにするが、骨の部分にはゼラチン質が多いから、それが特有のコクとなってうま味を増してくれる。

牛肉の表面を軽く焼き、これを小さく薄切りして薄口しょうゆで食べる牛肉のたたきは、日本人の刺し身好きに格好の食べ方として普及したが、これは西欧のローストビーフにほかならない。生の魚を（刺し身として）食べるのは日本ぐらいだろうが、生の牛肉を食べる習慣は日本ではあまり聞かない。だが、西欧ではタルタルステーキ（日本でタルタルステーキというのはフランス料理のステック・タルタールの系統である。ヨーロッパの至るところで食べられている）やパッチョ（イタリアの牛の刺し身）のように、完全な生肉を食べたり、生肉を軽く酢漬けして食べたりする。また、ステーキでも表面だけをごく軽く火を通したレアなどがあるから、この点、それぞれの民族の食性の違いかと思っていたら、日本人も負けじと「牛刺し」という生肉料理を食べはじめた。日本人はいつも負けずぎらいで、食に対しても挑戦的である。

蓴菜―オクラ

蓴菜

蓴菜《じゅんさい》はキンポウゲ目スイレン科に属する多年生水草で、古くは「ぬなわ」「根ぬなわ」と称されていた。近畿以北の湖沼に産するが、特に東北、北海道が有名で、なかでも北海道大沼公園内の小沼は別名を「蓴菜沼」と呼ばれるほど著名である。根は沼中にあり、そこから細長い茎を出し、その先に葉をつけるが、この葉は楕円状盾型で騎士の持つ盾に似ているから英名にはウォーターシールド、すなわち「水中の盾」というしゃれた名がある。やや大きくなった葉は水面に出るが、若い葉や芽は水中にあり、その葉の表裏には濃度の濃い粘質物質を分泌し、その部分は透明な寒天《かんてん》ゲル状である。

淡白な味と滑らかな舌ざわりを持つから、春から夏にかけて摘み取る若葉や芽、新茎、花蕾は昔から珍重されてきた。食し方は大体が三杯酢やわさびじょうゆで生のまま賞味されるが、汁物としても絶好である。瓶詰として広く売られているから、最近では比較的手軽に楽しめるようになった。

蓴菜は、なんといってもあのヌラヌラとした粘質物質が特徴である。ところで日本にはこのような粘質食物は多く、納豆、山イモ、ナメコ、モズク、昆布などにその例を見る。納豆の粘質物質はグルタミン酸を主体としたポリペプチド（アミノ酸の集合体）とフラクトース重合体

（フラクタン）との結合物、山イモは同じく糖蛋白質、昆布はアルギン酸、フコイジンなどの多糖類、ナメコや蓴菜はマンノースを主体とする多糖類である。粘質物質を持つ食べ物は、昔から共通して強壮の効能が論じられるが、果たしてその効果はいかがであるか、知りたくもあり知りたくもなし。

蓴菜はさすがに水中で育ったものだけあって、その大半が水分である。繊維分を一〜一・五％含むほかは蛋白質〇・五％以下で、なんと九八％以上は水ということになる。だから栄養的価値はほとんどないといってよい。昔から質素な食生活をしてきた日本人好みの水菜であることがよく分かる。だから、精進食や修行食にもよく出されたのだろう。この種の食べ物は、どちらかというと味覚そのものより精神的な味を求めるものも多く、侘《わ》びとか寂《さ》びといった哲学的要素が含まれている場合が多い。そして、そのような食べ物は共通して、素朴な味と低カロリー、水分過多のものばかりであるのが面白い。

オクラ

オクラと蓴菜をいっしょにとりあげた理由は、たがいに粘質物質を持つ菜であることと、塩やマヨネーズをかけて簡単な酒の肴《さかな》になることのためである。アオイ目アオイ科の一年生瓜菜《うりな》で、原産地はアフリカともいい、また南米、西インド諸島ともいわれていて明らかではない。ただそこから発したものが、世界の温帯地で広まったことは間違いない。

日本には江戸末期から明治初期に渡ってきたが、当時は一部のかぎられた者しか食さなかったようだ。その後、多種の品種が分化し、露地栽培から促成栽培になり、食生活が洋風化してサラダの野菜も多様化され、マヨネーズやドレッシングが出まわった昭和三十五年ごろから急に食されるようになり、今日では一年中、スーパーマーケットや八百屋の店頭に並ぶ常連組となった。

オクラ（okra）の名は、一部にはアメリカのオクラホマ州でよくできるからその名があるという俗説があるが、それは間違いで、もしそうならOklaとなるはずである。

オクラはゆでたものにマヨネーズをつけたり、味塩をまいて食べるほか、汁の実、三杯酢、ゆでて煮物や和《あ》え物とするが、西欧にはクリーム和えやバターいため、オクラスープ、サラダなどもあり、中国では数々の油いため料理に使われる。このオクラという瓜菜は日本人好みと読む。その理由はゆでたものにマヨネーズをつけて食べたり、生をサラダにしたものは確かに西洋風であるが、これを軽くゆでて、その四、五本ほどを小皿にとり、これに削り節を軽くまき、薄味のしょうゆかだし汁で食べると、しょうゆが上品にのって日本酒に格好の肴となる。

ここで筆者の考案した「ネバネバ精力サラダ兼《けん》酒肴且《かつ》飯のおかず」という一風変わった料理をご披露しよう。この代物、サラダでも酒の肴でも、またごはんのおかずにしてもよいという重宝なものである。

まずさっと茹《ゆ》でた大きめのオクラをおろし金で数本あたって緑色のト

ロロ状を得る。次にトロロ（長イモか山イモ）を細め三センチほどのせん切りにしてこれに加え、さらにみじんに細かくたたいた納豆もこれに入れ、よくかき混ぜる。ネバネバトリオの勢ぞろいだ。次にこれに刻みネギをまいてからごま油としょうゆを少々加え、もみのりを振ってできあがりである。さてこの糸引き合戦のような不気味な食べ物の味はといえば、実に美味である。酒の肴にはもちろんのこと、熱いごはんにもたいへんよい。

オクラにある快い渋味はタンニンである。タンニンを持った渋味菜は不思議にマヨネーズに合うもので、キュウリもその好例である。マヨネーズのきめの細かいコク味と、タンニンのような野趣あふれる粗い味とがうまく調和するためなのだろう。

夏ミカン—グレープフルーツ

夏ミカン

日本原産の柑橘類には、温州《うんしゅう》ミカン、伊予柑《いよかん》、三宝柑《さんぽうかん》、八朔《はっさく》など多種あるが、夏ミカンも純粋な日本生まれの果物である。山口県長門市仙崎の大日比《おおひび》に今もその原木があって、一七〇〇年ころから栽培されたといわれる。ミカン科の常緑樹である。

昔は酢の代用として利用されたが、食用となったのは明治に入ってからという。糖分が五〜七％であるのに、クエン酸を主とした酸は約二〜三％も含まれるから強い酸味果物となる。ナリンジンという苦味の成分も含まれているから苦味もあって、さっぱりとした酸味とうまくバランスをとっている。

初夏に白い花をつけ、初冬に黄色に実る。このとき、外観はもう熟していると見えるが、このころでは味はまったく出ていない。ちょうどよい食べごろは翌年の春から夏にかけてであるから、「夏ミカン」の名がある。昔はいつごろ食べてよいか分からなかったから、外皮の黄色く色づいた冬にとられたが、これがまことに酸っぱいだけのものだったので食用にせず、もっぱらその果汁を橙《だいだい》の代り酢としたなごりもあって、夏ミカンのことを別名「夏橙《なつだいだい》」とも呼ぶ。

夏ミカンは近年、品種改良されて、従来のもののほかに早生《わせ》種で酸味の少ない甘夏柑《あまなつかん》も登場してきた。一方、夏ミカンと別種の柑橘に日向《ひゅうが》夏ミカンというのがある。文政年間（一八一八〜三〇）に宮崎市で発見された新種で、明治二十年から食用として栽培され、これが最近はニューサマーオレンジというハイカラな名前で登場している。在来の夏ミカンとはかなり違った形と色を持ち、糖分が八％とやや高いうえに、酸量は〇・八％と低いから甘く感じる。

夏ミカンは生食のほか、マーマレードにも加工されるが、果汁は酸味が強くそのまま飲むにはつらいので、温州ミカンのような甘い柑橘の果汁と混合して甘酸のバランスのとれたジュースをつくるのに重宝される。

夏ミカンは夏ばてによいといわれるが、ビタミンC、B_1、B_2をはじめ、カリウムやカルシウムが豊富に存在するから、夏のような発汗時には理想の食べ物といえる。昔、夏の暑さの酷しいとき、山で下刈りをしたり野良仕事をする人は夏ミカンを常に携帯したという。激しい仕事で発汗し、フーフーあえぐときに、体の芯《しん》にまでつらぬき届くほどの酸っぱい夏ミカンをガリガリとかじると、まるでうそのように楽になるのが分かる。ちょうどマラソン選手が走行中にレモンをかじるのによく似ている。

グレープフルーツ

グレープフルーツ（grapefruit）という果物が店に登場したころ、これを見たことのないたいていの日本人はブドウの一種と思ったに違いない。だが、これがブドウとはまったくの赤の他人で、大きな柑橘であることを知って首をかしげたものだった。だがこの果物、日本人をまどわしただけでなく、アメリカでも初めはこれを「禁断の実」と呼んで（当時はそう多く栽培されていなかったから、たいへん珍しく、この実をとって食べたものなら、それこそ農園から追放されかねなかったのでそう呼ばれた）珍重し、あたかもアダムとイヴのリンゴを連想させたほどだった。

グレープフルーツという名は、柑橘類には珍しくブドウの房状に結実するのでこの名がある。西インド諸島のバルバドス島で十八世紀に新種として発見され、ただちに一八一〇年にアメリカのフロリダに伝わって、たちまち人気の果物となり、大栽培されるに至った。だからフロリダの人たちはこの果物を「フロリダの黄色い太陽」と愛称する。

一見夏ミカンに似ているが、皮肌がきめ細かく、夏ミカンのようにぶつぶつとした小孔もなく、果汁も多く、味と香りも優れている。果肉は白色系のダンカン、マーシュ、ピンク色系のフォスター、トムソンなどがある。主産地はフロリダのほかカリフォルニア、イスラエル、キプロス、アルゼンチン、ジャマイカなどで、日本でも四国や岡山で栽培されているが、ほとんどはアメリカからの輸入品である。

昭和四十四、五年ごろこの果物がわが国に輸入されたときにはびっくりするほど高価なものだったが、今ではひと山単位で売っている。グレープフルーツの食べ方は、二つに輪切りし、その切り口に砂糖をまぶして食べるのだが、これはどうやら酸味に弱い日本人の考えだした食べ方かと思っていたら、本場アメリカでも輪切りにしたものに砂糖を振りかけ、これを冷蔵庫のなかに二、三時間入れて、砂糖がちょうどよく溶けてなかに滲み込んで冷えたものを食べることが多い。もちろん、酸味や自然の風味を満喫する人は砂糖をまぶさぬ食べ方を粋とする。

グレープフルーツと夏ミカンが異なるいま一点はジュースである。夏ミカンは酸味が強いうえに糖はそれほど多くなく、そのうえ果肉部が多いからジュース量はそう多くない。これに反してグレープフルーツはジュース分の多いのが特徴で、果汁率五〇％を持つ。あの特有の苦味はナリンジンで、夏ミカンのそれと成分は同じである。

グレープフルーツのように砂糖をまぶして食べる果物はあんがい珍しい。だが、砂糖ばかりではいつも同じ味で変化がないから、時には別なものを考えだすのも楽しみ方のひとつである。筆者は酒好きであるから、ブランデーにはちみつを溶いたものをかけたり、ウイスキーにガムシロップを加えたものなど工夫している。またグレープフルーツを搾ってジュースをとり、これにウオツカを加えて角氷を浮かすとエキゾチックなカクテルとなる。

加工品

豆腐

「豆が腐る」と書いて豆腐である。別に腐ってもいないのに、この名がある。一方、納豆は納豆菌というバクテリアによって作用を受けたのに豆腐ではない。この名はどうもあべこべのようでならない。一説には筒に納めた豆だから納豆、豆腐の「腐」の字は「腐る」のほかに「ブヨブヨしたもの」の意味もあるから、こう名付けられたという。ついでだが、豆腐を「おかべ」というのは表面が白壁《しらかべ》に似ているからで、「奴《やっこ》」は昔の奴の着物の紋が正方形であるところから出た。

中国最古の百科事典のひとつ『鴻烈《こうれつ》』（日本では『淮南子《えなんじ》』）の編者で知られる漢代の学者、淮南王の劉安（紀元前一二二年没）が豆腐を最初に発明した人といわれる。だから通人《つうじん》などが豆腐を「淮南《わいなん》」と呼ぶのはこのためである。この発明は、今から見ると実に優れたものであって、わが国の有史以前の時代にすでに大豆から蛋白質だけをうまく固形状に取り出し、それを栄養豊富な食べ物としたのであるから、驚きとしか言いようがない。

わが国に豆腐の原型が入ってきたのはたいへんに古いが、今日のような豆腐として一般に普及したのは十五世紀から十六世紀にかけての室町時代のことであろうといわれ、原料の大豆が日本人にとって身近なものであったためにたちまち普及することになり、いろいろな料理法が編み出された。江戸時代の木村蒹葭堂の『雲錦随筆《うんきんずいひつ》』には熱壁《あつかべ》（熱く煮た豆腐）に白みそをすって煮たものをかけて食べる話や、豆腐と魚介類を上品に煮る料理法などが述べられているが、何といっても昔からの豆腐料理を述べた名著は『歌仙豆腐』『豆腐百珍』『続豆腐百珍』であろう。これらの書物に共通して感じられることは、いずれの豆腐料理にも豆腐の真味をことごとく残した素朴な食べ方をすすめていることで、なかでも冷奴《ひややっこ》と湯豆腐はその真髄を知る最良の食べ方としている。

湯豆腐には風炉《ふろ》の付いた小型の桶《おけ》を用いるとか、土鍋のほうがよいとかいろいろあるにせよ、昆布を敷いて中央につけじょうゆを入れる壺《つぼ》を置き、しょうゆ七・酒三の割合で合わせて壺に入れ、薬味に削り節、きざみネギ、好みで七味とうがらしやおろししょうがを用意しておき、随時壺にパラリと入れる方法は、全国どこでも共通である。容器に注意を払い、最良の昆布やしょうゆ、酒を選び、薬味材料も吟味し、そして最も大切な豆腐屋を選ぶなどして凝りに凝った湯豆腐の舞台をつくる粋さ。そこには一種の流儀のような、はたまた日本の文化に潜在する侘《わ》びとか寂《さ》びのような哲学観さえ湧いてくる気がするから不思議である。

冷奴には好みにもよるが絹ごしがよく、冷水をたたえたどんぶりに入れて氷塊を浮かせ、青ジソ、さらしネギ、おろししょうがなどを薬味に、できれば青ユズの香りを添えながらしょうゆに少量の酒を割って、これに削りたてのかつお節をまいたものなど、素朴にして美しく、まさに日本人の好みの食べ物といえるものである。

豆腐料理にはほかに、さんしょうみその田楽《でんがく》、豆腐汁、治部《じぶ》煮、けんちん汁、八杯豆腐（水四杯、しょうゆ二杯、酒二杯の割合の汁で豆腐を煮たもの）などを代表として枚挙にいとまがないほどの料理があるが、なんといっても日本人が豆腐を好んで多食するのはしょうゆ、みそ、日本酒、かつお節などがあるからで、豆腐にマヨネーズをかけてもドレッシングをかけても、はたまたソースをかけてもうまいはずはない。

チーズ

古代アラビアの商隊が商いのために長旅に出ることになった。彼らは、ヒツジの胃袋を乾燥させてつくった袋に、飲用としてヤギの乳を詰めて出発した。第一日の旅程を終えて、さてヤギの乳を飲もうとして容器に乳を注いだが、それがなかなか出てこない。そこで袋をしぼるようにしてみたところ、なかから出てきたのはなんと乳の白い塊であった。胃袋に残っていたレンニンという蛋白質凝固酵素がこの現象を起こしたのだが、これがチーズ（cheese）の最初だといわれている。

チーズは貴重な保存食であり、栄養に富み、そのうえたいそう美味であることから、日本にも古くから伝えられており、昔から仏教のうえでも食することをすすめた。

平安時代の『延喜式《えんぎしき》』に「牛乳一斗を煎《せん》じ蘇《そ》一升を得」とあり、この「蘇」は「酥《そ》」のことで練乳《れんにゅう》のことである。このころから寺では

「醍醐《だいご》」という表現で、今のチーズに近いものがつくられており、正倉院北倉の薬物の宝物殿にはそれを入れた壺が残っている。その後は天皇、貴族、将軍がこの乳製品を愛用したらしく、伊豆や相模国からは酥や酪、醍醐が三十壺単位で税として納められている。当時は馬を入れる牧《まき》と牛を入れる牛牧が区別されていて、主に牛牧で乳製品がつくられた。今日「牛込」という地名を持つところは、だいたいが昔、牛牧のあったところだという。

日本人が本格的にチーズを食べはじめたのは近年になってからである。明治時代に入り少しずつ消費はされていたものの、今日のようにどんな小さな食料品店にもあり、またチーズが料理にふんだんに使われはじめたのは昭和三十年以降である。だが、日本人のチーズ消費量は今日でも西欧の比ではない。なぜ爆発的に好まれないかの理由のひとつは、匂いにあると思われる。「バター臭《くさ》い」とか「不精香《ぶしよつか》」と表現されるあの匂いは、酪酸、プロピオン酸、ケトカプロン酸、カプロン酸のような有機酸、ジアセチル、プロピオンアルデヒドのようなカルボニル化合物が主体となっていて、このような匂いは日本のくさやや鮒鮓《ふなずし》、納豆などにも共通して存在するのだが、どういうわけか敬遠されがちなのである。

ところで、中国や日本には昔からチーズにたいへんよく似た食べ物がある。蛋白質を固めた豆腐もその例だが、豆腐の製造にはチーズのように微生物の働きを受けてないからチーズ的でない。ところがその豆腐を原料にして、これにかび付けをして、実にコクのある大豆チーズをつくった。それが「乳腐《にゅうふ》」と呼ばれるもので、欧米ではこれをチャイニーズ・チーズ、あるいはソイビーン・チーズ（大豆チーズ）といっている。奈良時代に中国から伝承され、各地の寺院に残り、今日でもまれに見ることができる。そのつくり方は、豆乳にニガリを加えてやや固まったものを木綿布につつんで圧搾し、これを適宜の大きさに切ってから平たい箱に入れ、稲藁《いねわら》を敷いた土間の上に積み重ねて一週間ほど放置すると表面にカビが生じる。次にこれを二〇%程度の食塩水に漬けるとさらにかたくなるから、表面のカビをとったあと、これをふたのある容器に詰め、酒を加えて泥のなかに埋めて一か月ほどしてから掘り出して食べる。その舌ざわりやコク味は本物のチーズに酷似するほどのものである。

この大豆チーズに似たものは今日、沖縄に行けばいつでも食べることができ、沖縄ではこれを「豆腐よう」と称して代表的な郷土料理のひとつとしているが、その製造法はおおむね乳腐に似ている。そこに使われるカビは紅麹《べにこうじ》カビであるため、このカビが生産する鮮やかな紅色が豆腐に着色して見た目がたいへんに美しく、そのうえ熟成には南国の強酒、泡盛《あわもり》に漬け込むから身がいちだんと引きしまって、「赤い植物チーズ」の異名を持つ珍味となっている。

麹―麦芽

麹

穀類を原料とした酒を例にすると、日本や中国などアジアの酒の多くはカビを使って麹《こうじ》をつくり、その麹の持つ糖化酵素によって原料の澱粉を分解してぶどう糖とし、これを酵母により発酵させてアルコールを得る「麹酒」である。これに対し西欧では、ビールやウイスキーを例にするまでもなく、大麦に芽を出させてこのときの糖化酵素により原料澱粉から麦芽糖を得て発酵させた「麦芽酒《ばくがしゅ》」である。

ではなぜそうなのかについての理由は、れっきとして存在する。その第一は気候風土の違いによるもので、日本や中国、その他アジアの多くの国は年間を通して湿度が高く、このような環境にはカビが旺盛に繁殖する。これに対し、西欧は一年じゅうさわやかに乾燥した気候を持っていて、カビが好んで生息する環境にはないからである。すなわち麹カビを使う酒づくりは、カビの生活に必須な湿潤気候がもたらした自然の恩恵であり、東洋の特技なのである。

第二の理由は、主食と密接に関係している。すなわち西欧では昔から麦を主とした食事（パン）であるのに対し、アジアの多くは米を主食とする違いにあって、西欧では麦の扱いに慣れた民族が麦芽糖化法を自然に考えだし、日本や中国では米の扱いに慣れた者が必然的に麹を編み出したと見ていいだろう。

東洋における麴の出現は、酒のみならず、他の食の文化にも西欧とは決定的な相違を生じさせることになった。なかでも日本はその好例の国で、麴を使用することによって酒のほかにみそ、しょうゆの発明を生み、麴を使った漬け物には実にバラエティーに富んだものが多数あるが、西欧にはピクルスやザウワークラウトという酸味漬けがあるにすぎない。また飴《あめ》を考えてみても、日本の昔からの「水飴」は麴由来のものであったのに対し、西欧では「麦芽糖」なのである。このように日本における麴や麴カビの応用は、日本食文化を決定づけているといっても過言ではない。清酒、みそ、しょうゆ、みりん、漬け物は他国にない特別の風味を日本人に与えてくれるし、わが国で生まれた唯一の蒸留酒の焼酎《しょうちゅう》、そして米酢やかつお節までも麴カビの恩恵なのである。

アジアには多種多様の麴を見ることができるが、日本の麴はそのなかにあって明確な違いを持っている。それは日本の麴は蒸した米一粒一粒に麴カビが繁殖して麴をつくりあげる、いわゆる「散麴《ばらこうじ》」であるのに対し、日本以外のアジアの麴は、まんじゅうのように丸めたり、せんべいのように平たくした型のものにカビを生やした「餅麴《もちこうじ》」である。そのうえ、日本の麴には「麴カビ」を用いるが、アジアの他の国の麴は「クモノスカビ」によって麴をつくる違いがある。これらのことから見て、日本の麴は純粋に日本で生まれ育ったものなのである。

麦芽

西欧人は有史以来、麦をひいて水でこね、これを焼いて食べるいわゆる「粉食《ふんしょく》」であり、日本人は米の粒をそのまま煮て食べる「粒食《りゅうしょく》」である。だから、西欧人にとって麦は最大の生命源であり、これをパンとして焼いて食べるだけでなく、昔からさまざまな利用法を編み出してきた。その代表的な例は、麦に芽を出させて麦芽をつくり、その力によって酒、飴、酢を生んだことである。

人類が最初につくった酒はぶどう酒で、紀元前五〇〇〇〜四〇〇〇年もの昔にさかのぼる。ブドウの果実にはぶどう糖や果糖が多量含まれているから、これを糖化する必要はなく、その果汁を放置しておけば空気中に生息する酵母が自然にここに落下して発酵し酒となるから、誰でもつくって飲むことができた。

だが、ブドウがうまく育たぬ地域や、たとえブドウが実ってもすっぱすぎるとかいう理由のある所では、どうにかして主食の麦で酒をつくることができぬものかと願っていた。しかし、麦には澱粉はあってもぶどう糖や麦芽糖がないから発酵はできない。麦から酒をつくるためには、なんらかの方法で麦の澱粉を分解して麦芽糖やぶどう糖にする、いわゆる糖化技術の発明が必要であったため、ぶどう酒に遅れること約一〇〇〇年後の紀元前四〇〇〇〜三〇〇〇年に麦芽糖化法の発明をみて、今のビールの原型ができた。この方法は、麦に芽を出させるとき多量の澱粉分解酵素が生じるのを利用したもので、大麦を発芽させ、その状態で乾燥してしまえば、それ（麦芽）には多量の澱粉分解酵素が残るから、いつでも自由に酒ができることになった。

麦芽ができると、それに水を加えて酵母により発酵させればビールができ、これに蒸留の技術が加わって麦芽蒸留酒ができた。ウイスキー、ジン、ウオッカなどはいずれもこの麦芽酒の蒸留酒であって、ウイスキーは大麦の麦芽を、ジンはライ麦やトウモロコシに大麦の麦芽を、さらにウオッカは大麦や小麦に大麦の麦芽を加えて糖化し発酵させ蒸留したものである。日本の酒は微生物（麹カビ）起源の糖化酵素によって澱粉を分解して得た酒であるのに対し、西欧の酒は植物（麦の芽）起源の糖化酵素によって導かれるという決定的な違いがそこに見られるのである。

麴酒と麦芽酒は今日、狭いわが国のアルコール市場にあって熾烈《しれつ》な攻防を演じている。昭和三十年ごろまでは、酒といえば日本酒か焼酎のいわゆる麴酒であったものが、テレビの登場による宣伝の効果や食生活の洋式化などに伴って、しだいにビールやウイスキーという麦芽酒が大幅に伸びてきて、今日では日本で生まれ育ってきた麴酒は、西欧渡来の麦芽酒に押されてたじたじといったところである。だが最近、清酒には純米酒《じゅんまい》（原料に米だけを用い、アルコール添加などしない味の濃い酒）とか吟醸酒《ぎんじょう》（原料米からぬかを五〇％もとった高精白米で低温発酵した酒で、果物の芳香を特徴とする酒）といった品質の優れたものが登場し、焼酎も静かなブームから大いなるブームへと発展してきたので、劣勢だった麴酒組が巻き返して麦芽酒組にひと泡ふかせようという状況になってきた。窮地に追い込まれると、日本の文化は底力があるものである。

おにぎり｜サンドイッチ

おにぎり

熱い炊きたての飯《めし》をフーフーいいながら手でまるめていくエプロン姿の母親、それを今か今かと待つ腹をすかせた子供たち。この白くずっしりして、丸く温かく、そしてやわらかいにぎり飯には、母親の素朴な愛情がにぎりこまれているようで、うれしいものであった。だから、この白い飯のかたまりに塩やみそで味付けするだけでもう充分に美味なのである。

にぎり飯は、米を主食とする日本人に郷愁を抱かせる食べ物である。

旅に、遠足に、仕事に、そして非常用の炊出しまで、まぶしい姿を見せてくれるおなじみの軽食でもある。米飯を開始したときから、日本にはにぎり飯があったと考えてよいから、手を加えた食べ物としてはわが国で最も古いもののひとつだろう。

昔は、にぎり飯を「屯食《とんじき》」ともいった。江戸時代の『貞丈雑記《ていじょうざっき》』には「屯の字をアツムルと訓《よ》み、強飯を握りかためて鳥の子の如く丸くしたるをいう也。今も公家方にてはにぎり飯をトンジキという由、京都の人物語せり」とある。俗に「むすび」というのは女房言葉であるという。手のひらに塩水をつけてにぎるのが普通で、京坂では多く俵形につくって黒ごまをまぶし、江戸では円形ないし三角形につくり、ごまを用いることはまれであったらしい。

にぎり飯にはいろいろなものがある。ただ塩を周りにつけたもの、ごま塩のもの、のりでおおったもの、みそを軽く塗りまわしたもの、しょうゆやみそを周りにつけてこんがり焼いたもの、そしてむすびのなかに梅干し、削り節、たらこ、さけ、しおから、たくあんなどを詰めたものなど多種多様である。

にぎり飯を食べるのはだいたい戸外が多いから、食事といっても心は開放的であり、そのうえ、明るく澄んだ空気が周りにあるから実に爽快な味がする。箸《はし》を使わず手づかみで食べる野趣性も日本人好みなのだろう。だから、にぎり飯を家のなかで食べると、同じにぎり飯かと思うほど味気なくなってしまうような気がしてならない。

ここ数年の外食店ブームで、街の至るところにおむすび屋ができた。

「米は本場のコシヒカリ」などと書いてあるし、おむすびのなかにはたらこや削り節、さけなどが入っているから、まずかろうはずがない。だが、買って食べてみると、どうも昔食べたおむすびの味が見当たらない。形はまさしく機械か型器で成形したもののようで、肌がきちんとしすぎて、どう見ても昔のようなどっしりとした感じがない。昔のおむすびを知っている者にとっては、外国からでも輸入されてきたような味気ないものに思えて仕方がないのだ。やはり、おむすびは素手でにぎってずっしりしたものに塩やみそをからめて食うか、しょうゆをつけて焼いて食うにかぎる。

サンドイッチ

日本のおむすびのように素手でつかんで食べ、携帯に便利な軽食が西欧のサンドイッチ（sandwich）である。十八世紀、イギリスの政治家サンドイッチ伯はカード遊びに夢中で食卓につく時間も惜しみ、パンのあいだに肉や野菜をはさみ、カードをしながらそれを食したのが始まりという説もある。日本でも手軽な軽食として広まり、今日ではトンカツやコロッケなどをはさんだ日本人好みのサンドイッチも考案されて、バラエティーに富んでいる。

サンドイッチの特徴は形やなかにはさむ具にこれといった決まりはなく、好みによって自由なものを楽しむことができることや、若い人からお年寄りにまで好まれるし、ピクニックやパーティ、夜食など時や場所を選ばぬ手軽さであろう。この点、わが国のおむすびと類似点が多い。

本場イギリスの基本的なサンドイッチは、ゆで卵、オイルサーディン、ローストビーフ、玉ネギ、キュウリ、クレソン、みじんパセリ、トマト、ピクルス、ハムなどにレモン汁、マヨネーズ、こしょう、塩などで味付けし、薄く切ったパンにはさんで食べる。またフランスでは、バゲット（長いパン）にそれらの具をはさんでから輪切りにしたアコーデオンサンドイッチも楽しまれる。具を選ばず、好みのものを楽しむのが基本であるようだ。日本人の好みは、ポテトサラダやツナサラダ、ゆで卵サラダのようなマヨネーズサラダをたっぷりはさみこんだカバードサンドイッチが圧倒的である。

サンドイッチはパン二枚のあいだに具をはさむのが普通だが、三枚のパンのあいだに具を交互にはさむものや、ダグウッド・サンドイッチのように、ハム、チーズ、野菜、オイルサーディンなどをつぎつぎにはさみこんで五枚重ねにしたものもある。

以前（昭和四十五年ごろ）、横浜・元町の裏通りに小さく小ぎれいな和食屋があって、そこで「海苔段々《のりだんだん》」という風変わりな四角いおにぎりを食べさせてくれた。筆者はこれがたまらなく好きで、週に一度は元町に出かけて食べたが、今では店も「海苔段々」も消えてしまった。ちょうど四角い食パンほどの大きさにのりを切り、これをそれより少し大きめの四角い木の器に敷き、その上に平たくごはんをのせ。それにまず味付けかつお節をパラパラまいて、その上にのりを敷く。その上に再びごはんをのせ、今度はそこに焼いた塩ざけをほぐしてのせる。そして、またそのうえに海苔をのせてごはんをのせ、今度は焼きたらこをまく。このようにしてのり、ごはん、具、のり、ごはん、具……という順に重ねていったのが「海苔段々」なのである。ダグウッド・サンドイッチの和食版であるが、残念ながら今はもうない。

　トーストしてからバターを塗った薄切りパンにゆで卵、ベーコン、キュウリ、ピクルス、レタスを具にし、からしバター、フレンチドレッシング、マヨネーズで調味したクラブサンドイッチ、ゆで卵、さけ缶、キュウリ、玉ネギ、ピクルス、クリームチーズ、マヨネーズ、ケチャップなどを四枚のパンにはさんだローフサンドイッチなどのほか、パンを下に敷き、その上に具をのせただけのオープンサンドイッチはパーティや酒の肴《さかな》によく、クラッカーや揚げパン、焼きパン、薄焼きせんべいなどの上に具をのせたカナッペも人気のある軽食のひとつである。

筋子とイクラ

サケの卵を塩蔵したものに筋子《すじこ》とイクラがある。前者は塩引きざけを製造するとき（そのころのサケは産卵に時間がまだ少しあるので、川にさかのぼる前、河口やその近くの海で回遊しているものを捕獲したものが多い）、腹を割いて卵のうのまま摘出したもの、後者は川にのぼった産卵期近くのものから手で絞り出した粒状のものである。寛文九（一六六九）年の『津軽一統誌《つがるいっとうし》』には「干しからさけ」、「塩干しさけ」として塩ざけがすでに紹介されているから、筋子もそのころにはつくられていたと見てよい。

一方イクラ（ikra）は、ロシア人がキャビアの代用品としてつくったものが明治三十七年ごろ日本にはいってきた。そもそもイクラとはロシア語で「魚卵」のことであり、サケの卵以外の魚卵塩蔵品はすべてイクラと呼ぶ。だからチョウザメの卵を西欧風にはキャビアと呼ぶが、ロシアではイクラである。

筋子やイクラは飯《めし》に実によく合う。そのまま熱い飯の上にのせてもよく、イクラなどはみりんとしょうゆで漬け直しし、ショウガの搾り汁を二、三滴おとして食べれば一段とコクと風味を増した珍味となる。みそ汁やすまし汁の椀種《わんだね》、炊込みごはんなどでも大いに楽しむことのできる、日本人に合った魚卵である。

ところで、サケの産卵は生まれた川にもどって行なう（これを母川《ははがわ》回帰または遡河《そか》回遊という）が、この不思議な習性には多くのなぞがある。その最大のなぞは、どのようにして魚が母なる川を識別するかであるが、カナダの魚類学者クレーギーは以前、どうやらこの超能力は魚の嗅覚《きゅうかく》によるものであるとの説を発表した。彼の実験は産卵のために河口に近づいた紅ザケを捕らえて二群に分け、一方はそのまま（正常群）、他方は嗅覚神経を切断（嗅覚処理群）して、母川から二〇〇キロほど南の海に放流したところ、処理群の母川回帰は著しく妨げられたというのである。このような研究はアメリカのハスラー、ウィスビーも行なっており、彼らの場合にはサケの鼻孔をワセリンやベンゾカイン軟膏を塗った綿でふさぎ、これもやはり母川から遠く離れた海に放流したところ、処理群は正常群に比べ母川の選択がはなはだあいまいになったと報告している。日本の魚類学者も川の水の匂いを抽《ちゅう》出《しゅつ》し、これをサケに識別させる実験でこの考え方の裏付けを報告している。すなわち、「サケは幼児期に育てられた川の匂いを脳に刷り込ませて海に出る」らしい。だから、日本の川で捕獲されたサケの肉や卵には日本の川の匂いがあるのである。

キャビア

チョウザメは体長が一・二〜一・五メートルと大型で、体表に蝶《ちょう》の形に似た五条のうろこが縦列するところからこの名がついた。口が突き出て、その下に四本のあごひげがあり、なかなかひょうきんな顔をしている。産卵のため春から夏にかけて川をさかのぼり、産卵すると海にもどるが、稚魚は秋深くなって川を下る。姿体は似ているが、一般にいう海の鮫《さめ》の仲間とは全く違った魚種である。

戦前は北海道の天塩《てしお》川や石狩川などにものぼったが、今ではほとんど見られなくなった。その主たる捕獲地はロシアや中国の一部、カスピ海沿岸だが、特にイラン、ルーマニアのものは灰色がかった緑色の大粒で、ネットリした特有のうま味と風味は北海のものに比べ数段上という。キャビアの善し悪しを見分けるのには昔から面白い方法があって、美しいガラスの鉢にキャビアを盛り、この真ん中に昔の重い金貨をのせる。それが沈んでゆく様子（時間や沈み方など）を見て、脂ののり具合やコク味、味の濃淡を知るというものである。金貨を使うところなどさすがにキャビアならではである。

キャビア（caviar）はチョウザメの卵巣を取り出し、ふるいに入れて静かに手でこねまわしながら卵膜を取り除き、卵粒をバラバラにしてから塩漬けするという、比較的簡単な工程でつくられる。これはサケのイクラの製造法とほぼ同じである。

キャビアの食べ方は、日本ではレストランなどに行くとオードブル（前菜）としてカナッペ（パンを薄く小さな長方形に切り、そのまま両面を軽く焼いたもの）の上にのせたり、ゆで卵の輪切りにのせたりして食べるが、本場ではパンにつけて食べるのが普通である。だが最もうまい通《つう》の食べ方は、キャビアにレモン汁を数滴ふりかけただけで、そのままを口いっぱいにほおばるというものである。ただ、日本のオードブルに出てくるキャビアの大部分は、チョウザメからの本物のキャビアではなく（本物はきわめて高価である）、ダンゴウオ類の魚、ランプフィッシュの卵からつくった模造品である。だからこういう品に出会うと、その着色剤のためにカナッペはもちろん、口の中や歯までお歯黒鉄漿《かね》で染まったようになることもある。

筋子やイクラを生んだサケが美味な魚であると同様に、キャビアの親であるチョウザメの肉はさらに美味とされる。フライや煮物で食べるのが最も多いが、すり身にしてから料理しても好まれる。そのチョウザメを最も有効に、そして上手に料理するのはロシアの人々だろう。大半は燻製にしてオードブルに供するが、塩蔵肉をトマトや玉ネギなどの野菜でボルシチ風に煮込んだり、そのソースを缶詰にして重宝している。また、肉を薄く切ってこれに数種の香辛料を振りかけ、酢漬けにしたものも珍重されている。とにかく、チョウザメのありとあらゆるものをきれいに料理して食べてしまう。日本人がサケからイクラを取るだけでなく、サケを煮たり、焼いたりして食べ、缶詰に加工し、燻製をつくり、るいべ（凍結肉）、氷頭《ひず》なます（頭部軟骨の三杯酢）、めふん（腎臓や血わたの塩漬け）、ささめ（えらの塩漬け）などにして食べるのとまったく同じなのである。

鰹節—鶏ガラ

鰹節

鰹節《かつおぶし》は、日本人の考えた素晴らしい食生活の知恵のひとつともいえるもので、その原型は平安時代の『延喜式《えんぎしき》』にも見られる、「鰹魚《かたうお》」という、素干し品の保存食料にあたるが、今のような燻製法が考案されたのは延宝二（一六七四）年ごろといわれる。

鰹節の香りと味は、日本人でなければその良さを理解しえぬだろう。それは、外国の料理におけるだしのとり方が、主としてうま味成分の抽出《ちゅうしゅつ》（肉や骨、野菜など）にあるのに対し、わが国の鰹節はうま味と匂いを同時に与えてくれるから実に重宝である。その匂いたるや、みそ汁、うどんつゆ、蕎麦《そば》つゆ、茶碗蒸しなどにあって、とてつもなく風味を引き立たせてくれる役割を担い、これまで述べたいくつかの嗜好物の香気に共通して見られる日本食文化の原点的匂いのひとつでもある。

この鰹節の主要な匂いは、トリメチルアミンやピペラジンのような揮発性塩基物質、グアヤコールのようなフェノール化合物、トリメチルケトンのようなカルボニル化合物、ペンテノールのようなアルコール類で構成され、なかでもフェノール系化合物は燻蒸香《くんじょうか》として最も重要な成分とされる。この燻蒸香は「燻《いぶ》り香」または「スモークフレーバー」とも呼ばれるもので、その匂いの類似物には西欧の燻し物、たとえば魚や肉の燻製、スモークチーズ、ウイスキー（ウイスキーは原料の麦芽を乾燥するとき、泥炭をたいて生じる燻り臭を熱風に混ぜて送り、麦芽に特有の燻り香をつける）などに例を見ることができる。

また燻ることは、このように特有の焦臭《こげしゅう》を生じさせるだけでなく、防腐という、食品の保存上きわめて有効な手段さえも備えつけてくれるから、まことに理にかなった方法なのである。筆者は枕崎市で鰹節の製造工程のうち燻乾《くんかん》作業を見学したが、一番火から十五番火という乾燥手順の緻密さを見て、これほどまでに手間ひまをかけるのだからこそ、あのあこがれの香味ができるのだなと感動を持ったものであった。

鰹節は、みそ汁や煮物にだし味と芳香を与えてくれるが、そのうま味の主成分はイノシン酸ヒスチジン塩という複雑な核酸系化合物である。この成分は沸騰水中で加熱することにより短時間で溶出してくれるから、沸騰水に入れたら数分で取り出し火を止めなければならない。沸騰をつづけるとたちまちのうちに大切な匂いが揮発してしまうからである。この点が鶏ガラのだしのとり方と大違いである。強いうま味を持つこのイノシン酸ヒスチジン塩は、アミノ酸の一種グルタミン酸と共存するとき、信じられぬほどの相乗効果を発揮して味を増す。だから、グルタミン酸を多く含む昆布とともに煮だし汁をつくるわけがここにある。なお、この燻した鰹にカビ（麴カビの一種）付けを何度かほどこしてつくるので、鰹節は立派な発酵食品なのである。

鶏ガラ

だしをとってつくる西欧料理といえば、最も一般的なのがスープである。牛肉や鶏肉を煮出すのを本流とするが、鶏ガラのほうがよいだしが出るからところを使う人も多い。充分に煮出したところに玉ネギ、ニンジン、セロリなどの野菜を入れ、なおも長時間煮出して汁量が三分の二ぐらいになったとき、これにパセリ、タイム、セージなどの香料を加えてこし、さらに泡立てた卵白を加えてとろ火にかけてアク抜きする。これを布でこし、澄んだ液を塩、こしょうなどで調味し、なかに軽く汁の実を浮かせると、清澄なままのクリアスープができあがる。

また、鍋にバターを入れて溶かし、これに小麦粉を加えてよくいため、これを前述の清澄液に激しくかきまぜながら加えて煮、これに牛乳を足し、塩、こしょうなどで調味するとクリームスープができあがる。いずれも奥行きの深い味を持っていて、この味の陰にはだし汁が決定的な役割を果たしているのである。

鶏ガラを例にすると、この味の秘密がよくわかる。ガラをいつまでも煮出すことにより、まずガラに付いている肉片や脂肪からうま味成分や油が煮出され、次に骨の髄を構成している海綿骨質や蛋白細胞から味の濃い髄汁が出てくる。この髄汁のなかにはうま味の主体となるアミノ酸のほか、ゼラチン、うま味を強める役割をになうリボヌクレオタイドや有機塩基（いずれも核酸構成成成分）が含まれているから、味が一段と複雑でコク味をつけるわけである。

日本の鰹節と西欧の鶏ガラを使っただし汁について比較してみると、前者はイノシン酸ヒスチジン塩をうま味の主成分として、これにアミノ酸やペプチド、蛋白質を含み、さらに鰹節特有の香りが重要な不可欠要素であるのに対し、鶏ガラだしはアミノ酸やリボヌクレオタイドを主体としたうま味を持つが、香りは問題にしていない。つまり日本料理のだし汁のとり方は目的のうま味成分と香り成分が湯に溶け出したらそれでもう終わりであるのに対し、西洋料理の鶏ガラだしは骨の髄まで煮出すことを特徴とする。したがって、わが国のだしの取り方は何か月も手間をかけてつくった鰹節を、わずか数分間という短時間のうちにその役目を終わらせてしまうのである。西欧料理や中華料理には例のないこのようなぜいたくなだしの取り方はたいへん面白く、このへんに日本料理の真髄をかいまみることができるのである。さらに鰹節でとっただし汁には脂《あぶら》が浮かないのに対して、西欧のガラとりスープにはそれが浮く。鰹節だし汁に脂が出ないのは、カビ付けを繰り返すうちに、鰹の脂肪をカビが分解してしまうためである。日本人の繊細な知恵だ。

寒天―ゼラチン

寒天

約三〇〇年前、万福寺を建立した隠元禅師《いんげんぜんじ》がはじめてつくったとか、京都・伏見の美濃屋太郎左衛門という旅館の主人が島津侯に心太《ところてん》をさしあげて、その残りを冬寒の戸外に捨てておいたところ、その心太は脱水乾燥されて干物になり、これが寒天《かんてん》の発見だともいわれる。残っている記録では、明和年間（一七六四～七二）に宮田半平という人が信州の地にあって寒天製造の研究につとめ、それをもとに天保年間（一八三〇～四四）に入ってから諏訪玉川村（今の茅野市）で半平の研究をもとに製造が開始され、これが商いとしての興りとある。その後、角型の棒寒天は長野県で、心太のような細紐の糸寒天は岐阜県で主に生産されて今日に至っている。

寒天はテングサ、フノリ、ツノマタ、オニクサ、ヒラクサ、オゴノリ、イギス、エゴノリ、キリンクサなどを原料藻として、これを洗浄、アク抜き後、約一二時間ほど煮熟してこし、それを一定の木型の枠に入れて放置すると、藻類から抽出された粘質状の多糖類が固化する。それを冬の夜、寒い外に出すと凍結するから、日中は太陽の暖気を利用して融解し、夜また凍結することをくりかえすと、そのたびに水とともに不純物が除去されて、しだいに乾燥した製品となる。使用した原藻から、平均二五％前後の寒天が得られる。

寒天は海洋国日本の生んだ海藻製品のひとつで、日本での需要だけでなく、輸出もかなり行なわれてきた。その主な用途は、食品加工用（ようかん、ゼリー、ジャム、乳製品、佃煮など）、工業用（糊料、塗料、印刷、模型成型物など）、医薬用（肥満防止、緩下剤、医薬カプセル、微生物培地、オブラートなど）、化粧品用（シャンプー、乳化剤、各種クリームなど）というように、多岐にわたっている。水分二〇％、粗蛋白質二〜三％、粗灰分三％、炭水化物七五％がその平均成分である。

寒天はゼラチンに比べ、その固まり方が強固である。ゼラチンは三〇度Cにもなると、ゼラチン一〇％を含む固化物でもう融解しはじめるが、寒天はたったの一・五％液の固化物でも八〇度C以上にしないと溶けない。そのうえ、寒天は酸類に対して強いが、ゼラチンは酸に合うと解けてしまう。また、寒天は熱によって一度融解しても冷えると再び固まるが、ゼラチンは固まる力を失う傾向が強い。

乾燥した寒天は水に入れると膨潤化し、自量の一〇〜一五倍にも達する。吸水した水は永く保水できるから、緩下剤や過食防止に使われる。

心太と寒天では前者はたいへん歴史が古く、奈良時代から食されてきたことは正倉院御物《ぎょぶつ》中に残されている。心太はテングサ（トコロテングサ）だけを原料藻として使用し、寒天に似た方法でつくるが、酢じょうゆですすり込むとき「ウッ！　フッ！」とむせるあたりがうれしい。

ゼラチン

ゼラータはラテン語で「煮こごり」の意味を持つように、ゼラチン(gelatin)は動物の骨、皮、筋《すじ》などを煮出してつくる固化物で、蛋白質の一種である。それらの原料のなかにはコラーゲンという不溶性の蛋白質があり、これが熱によって分解されてコロイド状の水溶性蛋白質ができる。これがゼラチンで、湯に解けやすく、冷えるとゲル化して固化するから、寒天と似ていて利用範囲が広い。だが、ゼラチンは動物を原料としていることと、蛋白質が主体であるのに対し、寒天は植物(海藻)を原料とし、その主体は炭水化物である点が大きく異なる。

原料の獣骨、皮、筋などを石灰水に浸して脂肪を除き、これを釜《かま》で加熱するとコラーゲンが分解してゼラチンが得られるから、漂白、乾燥して製品とする。ゼラチンの利用は食品工業、薬用、印刷用、接着剤、乳化剤など広いが、食用では西洋料理の冷製料理、菓子（ゼリーやマシュマロ）、マーマレード、ジャムと多岐にわたる。なお日本でいうにかわは、精製していない不純物を含んだゼラチンと見てさしつかえない。

ゼラチンのもととなる不溶性蛋白質コラーゲンはもともと、「にかわのもと」という意味のギリシャ語からきたもので、それは動物の腱、皮、骨、筋、蹄《ひづめ》のほか、魚の浮き袋、鯨皮、海綿の骨格繊維など至るところにある。コラーゲンやゼラチンは、蛋白質といってもロイシン、メチオニン、トリプトファンなどの必須アミノ酸はほとんど含まれておらず、栄養的価値は寒天と同様きわめて低い。

ゼラチンに関する食べ物のうち、大きな話題になるのは「鱶鰭《ふかひれ》」である。サメの胸びれ、背びれ、尾びれを素干《すぼ》しにし（この魚にはコラーゲンやコンドロイチンが豊富に含まれている）、これを煮て皮や軟骨をとり、ゼラチン主体の筋糸だけとしてから乾燥したもので、中華料理には欠かせない材料のひとつである。色によって金翅《きんし》、銀翅《ぎんし》に分けられ、スープや姿煮などに珍重される。製造工程中、トロ火で長時間かけて煮たものはコラーゲンのゼラチン化が進み、特有の歯ごたえとトロ味がつき高価である。

日本の食べ物でゼラチンが多いのはすっぽん鍋やクジラの缶詰だろ

う。クジラにはコラーゲンが多く、特に一見牛肉の霜降り状になっている須の子の部分は実は脂肪ではなく、結合組織（結締組織ともいう）の一部であり、このコラーゲンを主体とした組織を加熱すると容易にゼラチンに分解するから、須の子の缶詰は開封するとブヨブヨした煮こごり（これがゼラチンである）とともに肉が出てくる。

豆乳―牛乳

豆乳

近年、豆乳が大いに受けている。牛乳に比べコレステロールがまったくないとか、不飽和脂肪酸であるリノレン酸やリノール酸が豊富だから高血圧や動脈硬化を防ぐとか、蛋白質が多い（確かに牛乳よりはいくぶん多いのだが、その蛋白質を構成しているアミノ酸のうち、含《がん》硫《りゅう》アミノ酸などの代謝に必要なものは牛乳より少ないので、この比較は意味がないとする人もいる）とかがその理由である。

ところでこの豆乳だが、これを日本人は戦前から飲んでいた。昔は豆腐屋の店先で一合瓶に詰めて売られていて、朝、勤め人や近所の人がそこに並んで飲んでいたそうである。豆乳を飲む習慣は昔から大豆を多く生産してきた中国に古くからあって、日常の食生活に欠かせない飲み物として重宝されてきた。また中国では、小麦粉に重曹を加えて油で揚げた油条《イオウテイアオ》というものをつくり、これをちぎって豆乳に入れ、豆漿《ドウジヤン》と呼んで毎日の朝食に欠かせないものだと聞いた。

日本人がこのところ急に豆乳を飲むようになったのは、前記のようにヘルシーフードとしてのイメージが高いこともあるが、なんといっても、これまで豆乳の持つ最大の弱点であった青臭い大豆臭が大幅に除去されたという、品質上の理由のようだ。大豆臭を構成する成分は優に八〇を超えるが、その中心的な匂いの本体は、ヘキサナール、ペンタナール、ヘプタナールなどの化合物であって、これが製造工程中で大幅に取りのぞかれることになった。

大豆の栄養価は相当なものである。わが国の食卓には豆腐、凍《こおり》豆腐、納豆、ゆば、きな粉など、どれを見ても栄養豊富なものばかり、そのうえみそ、しょうゆのような調味料までが大豆でできているから、大豆はわれわれ日本人の食生活にとって最大の副食嗜好物なのである。そこに豆乳が見直されたのだから、抵抗なく広まるのも無理はない。

だが、それだからといって牛乳を見下すのも間違いである。牛乳は牛乳なりの栄養価とうま味を持ち、そしてすばらしい加工品を恵んでくれる。豆乳も牛乳も、それぞれによさを持つのだから、たがいに称《たた》えあうべきである。

牛乳

人間が家畜の乳を飲みだしたのは有史以前の古いことであり、いつのことか知るすべもない。母が子に乳を与えて育てることを、体験で人間はいちばんよく知っているのだから、動物の乳を飲むことなどは人間の本能のようなものであって、全地球的に誰とはなしに自然にはじまったのだろう。

食に乏しい大昔は、乳は至上の栄養を含んだ滋養飲料であったから、牛肉食を禁じた仏教国のインドでさえ、牛乳は仏教での「五味」として乳《にゆう》・酪《らく》・生酥《しようそ》・熟酥《じゆくそ》・醍醐《だいご》という五段階の牛乳加工品をつくり、その食をすすめていた。酪とは今日のバターに似たもの、醍醐は極上の乳製品で今日のチーズに酷似したようなものであったという。だから素晴らしい味わいには「醍醐味」という言葉が今にも残っているのだ。

わが国では七世紀の孝徳天皇の時代（六四五〜六五四）に中国から牛乳が献じられたとあるし、平安時代の『延喜式《えんぎしき》』の「民部式」には「諸国酥《そ》を献ず」とか、「内蔵寮式」には「斎会《さいえ》の僧に酥《そ》一壺《こ》を賜ふ」とあるから、平安時代にはすでに乳製品があったことになる。酥とは今の練乳《れんにゅう》（濃縮した牛乳）のようなものである。だが、当時とて牛乳やその加工品は宮廷や役人、僧の一部にしか口に入らず、一般市民が牛乳を飲めるようになったのは、大手を振って牛肉を食べることができるようになった明治時代からである。

よく外国から来た人は「日本人には特有の匂いがある」という。どんな匂いかと問うと、多くの場合、ぬか漬け、みそ汁、納豆、焼き魚の四種の匂いにその表現がまとめられる。だが日本人が西欧人の体臭をこのように表現するとすれば、「牛乳またはバターの匂い」につきるような気がする。それほどまでに西欧人は乳製品をよく食べる。たとえば主要国における牛乳の年間一人当りの消費量は、ニュージーランド一五〇リットル、イギリス一四〇リットル、オーストラリア一二〇リットル、カナダ一一五リットルであるのに対し、日本は三三リットルである。バター、チーズに至ってはニュージーランドやイギリスの七分の一ないし一〇分の一程度でしかない。また、西欧ではシチューや多くの料理、そして菓子飾りにも牛乳をふんだんに使う。

日本人には、牛乳を飲むとお腹がゴロゴロするという人がいる。多乳飲民の西欧人にはこれがないが、それは牛乳中の乳糖を分解するラクターゼという酵素が日本人には不足の人が多いということが分かった。そこで、この酵素を微生物から取り出し、これを牛乳に作用させて乳糖を分解してしまう画期的な牛乳が発明された。これを飲むとお腹のゴロゴロもなくなるという。日本人は西欧人が舌を巻くようなことをやってのけてしまう。

くさや――ロックフォールチーズ

くさや

くさやの干物は、日本人が考えだした食べ物のなかで十指に入る名品かもしれない。これを遠慮する日本人が多数であると聞くが、筆者のようにくさやが送られてくれば枕にして寝たいほどの好き者にとっては、あの味と芳香はあこがれのひとつなのである。

くさやの最も大切なものはあの熟した匂いであり、そして奥行き深い味である。だから道楽でくさやを選ぶとすれば、驚くほど高価なものを選べば殿様の気持で楽しめる。くさやのあの特有の匂いは食品学上では「不精香《ぶしょっか》」と呼ばれるもので、強弱こそあれ、日本にはこの匂いに共通する食べ物として塩魚汁《しょっつる》、納豆、飯鮨《いずし》、鮒鮨《ふなずし》、漬け物などがある。この種の匂いを、外国人の大半は好まぬというより嫌いで、鼻先にもっていくとしかめ面をする。日本人がヤギ乳のチーズを敬遠するのに、西欧人はこれを平気で食べるのとそう違いはない。同じ不精香食品でも、民族やお国柄によってこうも違うのは面白いことである。

新島、大島といった伊豆七島の近海は昔からムロアジやクサヤムロ、トビウオの好漁場で、そのうえ、干物をつくるのに適当な干し場（白砂地）があったから干物の製造は盛んで、江戸の末期にはすでに上質の塩干し魚がつくられていた。一方、この地方は食塩を年貢として幕府に納めていたが、この塩の取立てがたいそう厳しく、そのため塩干し製造のための塩にも制限があった。そこで窮余の策として、一度塩漬けして残った塩汁を何回もくりかえして使用していたところ、そのうちに塩汁が発酵して異様な匂いを持った汁となった。ところがこの塩汁には捨てがたいうま味があり、それに匂いも独特であったので、この汁に漬けた塩干し魚を試しに江戸に送ったところ、江戸の食通のあいだでたいへんに珍重されるようになり、ここに名物くさやが誕生した。匂いがたいそう臭いので、そのまま「くさや」という名がついた。

クサヤムロ（アオムロ）、ムロアジ、マアジ、サバ、トビウオ、タカベなどの原料を選ぶが、特にクサヤムロが最上品とされる。鮮度のよいムロを腹開きにし、えら、内臓、血合《ちあい》を除いたあと、樽のなかで

二、三回水洗いする。次にくさや汁に二時間ほど漬け、簀《す》の子に並べて日干しし、これを幾度となくくりかえしてべっこう色に仕上げる。うなぎの蒲焼《かばや》きのタレと同じく、多年にわたり使い古されたものがよい漬け汁とされる。

あまり強烈な匂いを放つために敬遠されるきらいもあって、世相の流れか、このごろでは「新くさや」と称した、色が浅くくせの少ないものが大半となって、黒光りするような「本くさや」は求めにくくなった。くさやを焼くとき、強い匂いが起こって隣近所に迷惑をかけると遠慮する人も多いため、最近ではムロを焼いてからこれをくさや汁に浸し、瓶詰にしたものも売っているが、これもたいへんにうまくてやわらかく、重宝である。おそらく、あの瓶ものだってふたを取れば、欧米人はたちまち退散するだろう。あれほどまでに美味なのに。あれほどまでに芳香を持つのに。

ロックフォールチーズ

腐りかけたものには時として至上のうま味があるとして、これを食味の原点とする達人もいる。なるほどそのようなものは、成分が微生物的変質を受けているからたいへんに個性的な匂いがあり、味も強烈となるのだろうが、これはどうもあぶなくてならぬ。腐敗（腐敗とは、食べ物に食中毒菌が繁殖してそこに有毒物質を蓄積すること）した食べ物には有害菌がうようよいるし、何しろやつらはそこで強力な有毒物質をつくってしまう。せいぜい腐敗物など食べぬことにして、発酵物にうま味を求めるべきである。発酵とは人にとって有益な微生物が原料に作用して、よりいちだんと価値のある嗜好物に変えてくれる作用である。だから、腐敗した牛乳を飲めば一発で下痢間違いなく、ひどい場合は嘔吐《おうと》したり衰弱したりの食中毒症状を起こすが、これが発酵したものとなればチーズであり、ヨーグルトであって、人間にとってはこのうえないうまい食べ物となる。

発酵物の最大の特徴は味と香りにある。酒にしても、原料にまったくない芳香は発酵によってできるし、パンでも、漬け物でも、酢でも、しょうゆでも、チーズでも、発酵過程を終了すると、原料とはまるで別の風味となる。前述のくさやの干物とて、たんなる塩水にムロをつけただけではあのような味と匂いはとうていつくはずがない。漬け汁であるくさや汁が発酵によって特有の風味を持っているから、あの味と匂いができあがるのである。

フランスのロックフォール地方でつくられるロックフォールチーズ(Roquefort cheese)も発酵嗜好物のひとつで、ヤギの乳を原料とする(牛乳を原料とするものもある)半硬質のチーズである。この種のチーズには特有の匂いがあるが、それは製造時に接種した青カビの一種、ペニシリウム・ロックフォルティが熟成時に活躍し、鋭い匂いとなる。ロックフォールチーズのほか、イタリアのゴルゴンゾラ、イギリスのスチルトン、アメリカのブルーチーズなどもこの種の匂いを持つことで有名なチーズである。

チーズのなかで最も匂いが強く独特な個性を持っているのは、ベルギーのリンブルガーチーズで、その猛烈な匂いはチーズ好きの西欧人まで好き嫌いを明確に分けてしまうほどの代物である。西欧では、この種のチーズの匂いを「女の匂い」と呼ぶほどあの手の匂いが強く、食べたあと口をよくゆすいでおかないと、あらぬ疑いを奥方にかけられるというからご用心のほどを。そういえばドイツには「娘はミルク、花嫁はバター、女房はチーズ」という表現がある。そのドイツのティルジッターというチーズも強烈な匂いを持つがゆえに有名で、ほかにアメリカのソーダークランツ、デンマークのダンボーなどもくせものの仲間である。

日本のカラスミに似た形を持って、匂いがまぎれもなくくさやの干物そのものであると評判なのが、ドイツのハント・ケーゼというチーズである。だが大部分の日本人は、このチーズがくさやの干物とまったく同じ匂いのタイプであるのに敬遠することうけあいである。不思議なことである。多分、魚料理に慣れ、乳製品に慣れぬ日本人の食性なのかも知れない。

干し柿―干しぶどう

干し柿

魚や獣肉、穀物、果実などを陽に干して保存食品とすることは大昔からの人類の知恵である。わが国で果物の干物が古文書に残っているのは、平安時代の『延喜式』に「干柿子」とあり、また、柿そのものは延喜十八（九一八）年に撰せられた『本草和名《ほんぞうわみょう》』に「加岐」とあることからその歴史は古い。おそらくそれよりずっと以前に、野生種の柿による保存食はつくられていたと見てよいだろう。

干し柿は保存食というより、わが国では甘味料として重宝されてきた。飴《あめ》は『古事記』に登場してくるほど古くからつくられていた大切な甘味料であったが、それも一部の者だけが使用した程度で、実際には干し柿が飴や砂糖の代用として菓子用に使われていた。

甘柿は日本の中部地方から東北地方にかけては栽培に適さないから、昔からこの地方は渋柿が主であった。その渋柿の皮をむいて、縄にかけ、日当りのよいところに二〇日ほど陽乾し、水分が減ってやわらかくなったとき、芯《しん》切りと称して一回ずつ指先でもみながら果芯をもみ切りし、さらに一週間ほど陽乾をくりかえすと、果実はなおも乾燥してしわを多数つけ、果肉は粘着力を増す。そこで第二回の手入れをして形をととのえ、数日後縄からはずしてむしろの上に広げて積み重ね、さらに上からむしろをかぶせておく。数日後に果面から糖分を滲出《しんしゅつ》するから、これを再び外でむしろに並べて陽乾する。次に箱に乾燥した新藁《しんわら》を敷いてそこに並べ、重ねていって密閉すると、二週間後には果面は噴き出た白粉（果糖やぶどう糖）でおおわれるから、乾燥、貯蔵して製品とする。

干し柿はそのまま茶の友として食べられるが、料理にもさまざまに使われる。「柿なます」はダイコン、ニンジンの精進《しょうじん》なますに干し柿を刻み込んで和《あ》えたものだが、豆腐の白和えにも使われたりする。岐阜・大垣の「柿羊羹《ようかん》」は、普通のようかんに裏ごしした干し柿をまぜてつくる。また九州には、種を抜いた干し柿を集めて縄にしばり、これを固めたものを「縄巻柿羊羹」として売っている。

柿は日本人が最も大切にしてきた果物のひとつで、果樹として栽培されているのは、カキノキ属約九〇種のうちカキ、マメガキ、アラブガキ、アメリカガキぐらいである。日本の柿以外は果実としての価値は少なく、外国での栽培はブラジルやパナマなどの日本からの移民農家の柿のほか、アメリカのフロリダ、カリフォルニア、イタリア、ユーゴスラビア、地中海沿岸で少し見られる程度で、果実としての重要性は日本に比べきわめて低い。

干しぶどう

ブドウは山に自生する普通の果物であり、果糖やぶどう糖などの炭水化物も豊富であるから、人類は有史のはるか以前、原始生活の時代から採っては食べてきた果物であった。だから当然干しぶどうも太古の昔からあったが、いつごろからつくられたかという歴史は不明である。ただ、エジプトではピラミッドの副葬品から酒壺が出たり、ナクトの墳墓（エジプトの第十八王朝シェイク・アブドル・グルナの墓）の壁面にはブドウの栽培から収穫、ぶどう酒の仕込みやしぼりの様子がみごとに描かれており、紀元前五〇〇〇〜四〇〇〇年の昔にはすでにブドウ畑があったことは定説となっている。

わが国の祖先たちも太古の昔には野生種を食したことは当然であるが、平安時代の文治二（一一八六）年には甲府在岩崎村の雨宮勘解由《かげゆ》という人が、八代郡祝村で生長のよい山ブドウを見つけてその根を掘り出し、これを育てて甲州の地をブドウの名産地とする基礎づくりを行なった話は有名である。

干しぶどうの生産はアメリカが世界第一位である。一九二〇年の禁酒法施行とともに、それまでぶどう酒の原料となっていたブドウの実は大半が干しぶどうに加工されたのがそのきっかけであった。アメリカに次いでスペイン、イタリア、ギリシャ、フランス、チリ、ハンガリー、中国も多産国である。ブドウの乾燥法は「自然乾燥法」「蔓《つる》乾燥法」「アルカリ浸漬法」「火力乾燥法」などがあるが、以前は日光による自然乾燥法が一般的であった。しかし、需要の多くなった今日では、収穫したブドウをガス火力乾燥室で短時間のあいだに多量乾燥する方法が一般的となった。

干しぶどうは一〇〇グラムあたり糖質七二・六グラム、蛋白質二・六グラム、灰分一・九グラム、繊維一グラム、カルシウム六二ミリグラム、リン一一〇ミリグラム、鉄分二・五ミリグラム、ビタミンB_1、B_2、ニコチン酸など豊富な栄養を持つ。そのまま食されるほか、ケーキ、ビスケット、パンなどの菓子材料として、またサラダの材料としても広く用いられる。ハンガリーの北部トカイ地方に産する有名なトカイワインは、ブドウを房のまま乾燥、熟成させた濃厚な干しぶどうを原料として名酒をつくるが、このワインには格別の風味があって大いに楽しめる。そういえば日本にも、室町末期の戦国時代に乾燥した干しぶどうでぶどう酒をつくり、それを武田信玄は盛んに愛用していたという話も残っているから、わが国の干しぶどうの利用も昔はかなりのものだったのだろう。

うどんと蕎麦―マカロニ、スパゲッティ

うどんと蕎麦

うどんの最初は小麦粉の団子で、これを煮たものを混沌《こんとん》といったが、その後これに食扁を付けて餛飩《こんとん》となり、温めて食べるから饂飩《うどん》になったという。その始まりは奈良時代といわれ、小麦団子に飴《あめ》を入れた中国渡来の唐菓子が祖とみられている。

関西地方での麺は、うどんが主で蕎麦《そば》は副。だから関西に行くとうどんはたいそううまく、またさまざまな呼び名がある。切って干した今の形のうどんは切麦《きりむぎ》、熱くして食べるときには熱麦《あつむぎ》、冷やして食べ

るときには冷麦《ひやむぎ》など、粋な名を持つ。これに対して、関東地方ではうどんより蕎麦が好まれることもあって、昔はうどんのことを「そばうどん」と呼んでいた。ただ、その食べ方は西も東もしょうゆ、みりん、だし汁などで調味したツユを下地《したじ》にして、これをつけたりかけたりしてすすりこむのは同じである。

うどんの古い食べ方は小麦粉の団子を煮込んだものであったから、本来は煮込みうどんが正統のようである。だが、グルテンの豊富な讃《さぬ》岐《き》小麦を使って練り上げた腰の強い讃岐うどんの歯ざわりなどに出会うと、「煮込みなんぞたまるか！」という意地がでてきてしまう。

ところで長崎の名物に「皿うどん」というのがある。ゆでたうどんを油でいためた、別にやはり油でいためた野菜やエビなどの具をこれに加え、好みの味付け（塩、しょうゆ）をして食べるものである。南蛮交易の盛んな一六五〇年ごろから一七〇〇年ごろにかけて外国人から学んだのだろうが、この料理法は中国の麵料理やイタリアのマカロニ料理にたいへんよく似ている。長崎から発したこの皿うどん、今日では東京や大阪にも専門店が幾つもできて人気という。この料理にかぎっていえば、うどんはマカロニと兄弟の関係にある。

うどんといえば関東は蕎麦《そば》とくる。蕎麦はその源流がシベリアにあるといわれるほど、寒く荒れた地に育つ。日本人が五世紀ごろから貴重な炭水化物源として栽培し食べてきたもので、寒さに強いことから救荒作物としても重要な穀物であった。日本人が最初に食べたころの蕎麦は、今日のように打って細く伸ばし、これにタレをつけて食べるというものではなく、粉をひいたのを湯でこねた「そば掻《が》き」であり、その後、粒のまま飯《めし》に炊き込んだりぞうすいに入れたりして、いわゆる米の増量材として食べていた。今の麺状になったのは江戸時代につなぎに小麦粉を入れることを知ってからのことであるから、比較的新しい。

蕎麦は味と香りとを食べるものだといわれ、通《つう》にいわせるとそれぞれの食べ方がある。箸ではさみあげたら三分の一だけを汁につけ、一気にひと口ですすり込み、かんでは風味を失うからのどで飲み込めというのが多い。だが筆者のように、かんで口のなかに入れておけば風味がゆっくり味わえるものだと信じきっている者はなかなか蕎麦通にはなれないし、どうも通の食べ方は苦手である。そして、蕎麦通に見られるこのような食べ方、すなわち「粋」さは、蕎麦をこのうえもなく日本人だけのものにしているのだろう。

マカロニ、スパゲッティ

マカロニ（macaroni）やスパゲッティ（spaghetti）はローマ人が古くから食べていたもので、その当時は小麦粉を練って、保存のために乾燥したものであったが、これが歴史上から一時消える。その後、十四世紀はじめにイタリアの著名な探検家マルコ・ポーロが中国を旅したときに中国の麵を持ち帰り、これを「パスタ」と呼んで復活させたというが、その正否は定かでない。日本には明治二十八年に新橋のレストランのコックがイタリアから持ってきたのが最初である。

マカロニ・スパゲッティ（管状に成型したものをマカロニ、一・二ミリメートル以上の太さの棒状に成型したものをスパゲッティ、一・二ミリメートル以下のものをバーミセリー、帯状にしたものをヌードルという）がわが国のうどんと最も異なる点は原料にある。双方とも小麦粉でありながら、マカロニ・スパゲッティが強力粉（蛋白質やグルテンが多い。デュラム粉ともいう）を使うのに対し、うどんは中力粉（強力粉に比べ、蛋白質が少なく澱粉が多い）を用いる。そのためマカロニ・スパゲッティは腰が強く、煮ると二倍にも膨潤し、ゆであげられてからのびることはないが、うどんはゆでられてからやわらかくなり、その後にのびる。また、マカロニ・スパゲッティはうどんに比べて特有の光沢があるが、これは原料を練って麺線をつくるとき高圧で口金《くちがね》から押し出されてくるので生地組織内に気泡がなくなり、半透明でクリーム色の滑らかさになるためである。

マカロニ・スパゲッティは製造のさい、小麦粉を水に練るときに鶏卵や大豆粉、脱脂ミルク、セロリ、ガーリックなどを加えることも多い。だが、うどんにも以前から卵入りや、抹茶、山イモなどを加えて練り上げたものもあり、共通性があって面白い。

うどんはマカロニ・スパゲッティのような食べ方（たとえば皿うどんのごとく）はできるが、その反対にマカロニ・スパゲッティはうどんのような食べ方ができない。マカロニやスパゲッティを麺つゆにつけたり、煮込んだりして食べてみたがうまくなかった。マカロニ・スパゲッティがしょうゆ味になれないことと、タレ味が表面にのれないためのように思えた。そしてうどんは口に入れてほんの数秒で飲み込んでしまい、のどでも味を楽しめるものが、マカロニ・スパゲッティではこれができない。この点、せっかちで、そのうえ世界の民族のなかで最も食事時間の短い日本人にとっては、うどんや蕎麦がピッタリなのかもしれない。

鯨テキ―ビフテキ

鯨テキ

クジラを食うのは日本人だけで、他の国は油脂を採るために捕鯨するなどといわれてきたものだ。その乱獲がたたり、自然保護の風潮や動物愛護団体の運動もあって、鯨肉はだんだんと日本人から遠ざかってしまい、最近では魚屋でも見つけだすのに苦労するほどになった。当然、鯨肉は高価なものとなって、昔のように気軽には食えなくなった。

戦前戦後を通じ、日本人はクジラを大切な動物蛋白源として重宝してきたから、ある年代の人にはクジラの味は忘れられないものとなり、ややオーバーに言えば、鯨肉に郷愁を感じる人が多い。筆者もその一人で、小学生のころの弁当のおかずにはクジラのみそ漬け、網焼き、角煮などがよく入っていた。小さいときから魚と肉を大好物にしていた私には、これが実にうれしい食べ物のひとつだった。

　私の家のクジラの食べ方には、すき焼き風の鍋、ジンギスカン風の鍋、みそ漬け、片栗粉《かたくりこ》をつけて油で揚げた立田揚げ、鯨カツなどいろいろあったが、最もうまかったのは「鯨《げい》テキ」、すなわち鯨肉のステーキだった。分厚い肉を熱いフライパンの上に「ジュー」とのせて一五秒、次にこれをひっくり返して反対面をまた「ジュー」。あとは少し弱めの火でくりかえしながら火を通すこと数回。中がまだやわらかく外が焼け上がったものを大きな皿に移し、少々のしょうゆをかけてから大きめに切った肉片を口のなかにほうり込む。あの特有の匂いを持った肉をかみしめるとき、うま汁が肉から溢れ出してきて口じゅうがその肉蜜で充満し、飲み込むのも惜しいほどであった。

日本人がクジラを食べた歴史は、縄文時代の遺跡からクジラの骨が発掘されることでわかるが、捕鯨という大がかりで組織的な漁が起こったのは、今から約五〇〇年前の室町末期とされる。尾張・三河（愛知県）から伊勢地方、知多半島から志摩半島にかけて興り、以後発展して漁業となった最初の地は今の和歌山県太地《たいじ》町で、徳川幕府開府三年後の慶長十一（一六〇六）年である。日本は獣肉忌避の時代が長かったので、本来哺乳動物であるクジラは「勇魚《いさな》」と称し魚類として扱われ、日本人にとっては重要な動物蛋白源となってきた。

世界では捕鯨の是非をめぐって賛否両論が激しく渦巻いているが、科学的調査捕鯨によって、限られた数は捕獲して食べてもよい、という答が出ている。増えすぎたクジラのためにも、クジラは食べてよいのだが。

ビフテキ

人が牛の肉を食べることについては「和牛―西洋牛」（一〇五―一一四ページ参照）の項で述べることにして、ここでは牛肉料理のひとつ、ビフテキの話をすることにしよう。料理といっても、ビフテキ(beef steak)は牛肉を鉄板またはフライパンで焼くだけのものなのだが、牛肉の風味を最も生かした素朴で野趣のある食べ方として世界中で好まれている。昔から肉を多量に食べる欧米人の最も好む料理だけに、肉の選び方や焼き方には細心の注意でこれにあたる。

ビフテキの肉が厚いほうがよいわけは、薄いと火が通りすぎてうま汁が逃げてしまうからで、一センチ以上の厚さのものを用意したい。

ヒレ肉かロース肉を最良とし、まず厚手のフライパンを強火で熱し、牛脂でふいて、その脂から油煙が立ちのぼってきたらすばやく肉に塩、こしょうをし（塩、こしょうは焼く直前に行なうこと）、フライパンに肉を入れてすぐに動かしながら三〇秒間焼き、火を弱めて同じように動かしながら、側面（厚さの部分）が半分白くなり、肉の表面に肉汁が上がってきてしっとりしてきたら再び強火にして、ただちに裏返しにする。そして、また動かしながら焼き、火を弱めて表面に再び肉汁が上がってきたところでミディアム（中焼き）のできあがり。レアはミディアムより早く、肉汁が上がるか上がらぬうちに返して、再び肉汁が上がる手前でできあがり。ウエルダンは肉汁が肉の表面に水滴のようにいっぱいたまってから返すようにする。要するにステーキを焼くコツは、最初強火で次に弱火に徹すること。強火で肉の表面の蛋白質を凝固させ、肉の内部からうま汁が逃げないようにして焼くことである。

日本人も最近はよくビフテキを食べるようになったといわれるが、欧米人から見ればまだわずかな量にすぎない。日本のサラリーマンの「食べたい食べ物アンケート」では、ビーフステーキは常に第一位の座にあるが、松阪や神戸のような銘柄牛がぞっとする高値で肉屋に並べられていることもあって、「ビフテキは高いもの」とのイメージが日本人に定着していたようだ。それが近ごろは、牛肉の輸入自由化に伴ない、美味しいビフテキを安く食べられるようにもなった。肉好きにとっては嬉しい時代になったものだ。

本書は、株式会社岩波書店のご厚意により、岩波現代文庫『日本の味と世界の味』を底本としました。但し、頁数の都合により、上巻・下巻の二分冊といたしました。

日本の味と世界の味　上

（大活字本シリーズ）

2023年11月20日発行（限定部数700部）

底　本　岩波現代文庫『日本の味と世界の味』

定　価　（本体2,700円＋税）

著　者　小泉　武夫

発行者　並木　則康

発行所　社会福祉法人 埼玉福祉会

埼玉県新座市堀ノ内3—7—31　〒352—0023

電話　048—481—2181

振替　00160—3—24404

印刷製本所　社会福祉法人　埼玉福祉会 印刷事業部

ISBN 978-4-86596-616-9

大活字本シリーズ発刊の趣意

現在，全国で65才以上の高齢者は1,240万人にも及び，我が国も先進諸国なみに高齢化社会になってまいりました。これらの人々は，多かれ少なかれ視力が衰えてきております。また一方，視力障害者のうちの約半数は弱視障害者で，18万人を数えますが，全盲と弱視の割合は，医学の進歩によって弱視者が増える傾向にあると言われております。

私どもの社会生活は，職業上も，文化生活上も，活字を除外しては考えられません。拡大鏡や拡大テレビなどを使用しても，眼の疲労は早く，活字が大きいことが一番望まれています。しかしながら，大きな活字で組みますと，ページ数が増大し，かつ販売部数がそれほどまとまらないので，いきおいコスト高となってしまうために，どこの出版社でも発行に踏み切れないのが実態であります。

埼玉福祉会は，老人や弱視者に少しでも読み易い大活字本を提供することを念願とし，身体障害者の働く工場を母胎として，製作し発行することに踏み切りました。

何卒，強力なご支援をいただき，図書館・盲学校・弱視学級のある学校・福祉センター・老人ホーム・病院等々に広く普及し，多くの人人に利用されることを切望してやみません。